LA ALQUIMIA DEL PENSAMIENTO

Pamela Jean Zetina

LA ALQUIMIA DEL PENSAMIENTO

¿Qué más es posible para mí?

AGUILAR

El papel utilizado para la impresión de este libro ha sido fabricado a partir de madera procedente de bosques y plantaciones gestionadas con los más altos estándares ambientales, garantizando una explotación de los recursos sostenible con el medio ambiente y beneficiosa para las personas.

Penguin Random House Grupo Editorial

La alquimia del pensamiento
¿Qué más es posible para mí?

Primera edición: enero, 2024

ISBN: 978-607-383-987-7
Impreso en México – *Printed in Mexico*

A mis padres, Elena y Roberto, por su amor
incondicional, inagotable e inquebrantable.
A mi esposo, Tony, por ser mi faro de luz, mi aliado
y mi puerto seguro. Gracias por no dejarme caer.
A mis hijos, Doménica y Emiliano, por ser la más
grande manifestación de Dios en mi vida y por
cambiarme todas las preguntas cuando creía que
tenía todas las respuestas.

ÍNDICE

LA ALQUIMIA DEL PENSAMIENTO

¿Qué más es posible para mí?

Querido ~~diario~~ lector, hoy es 5 de mayo y son las 5 a.m. Empiezo a transcribir este libro desde mi disco duro mental hasta estas páginas, un poco abrumada porque... pues porque son las 5 a.m. y yo no tengo el hábito (aún) de levantarme a estas horas de la madrugada, no son horas del rock; y porque tengo la consigna de entregar en poco menos de dos meses este manuscrito, sin dejar de hacerme cargo de mí misma, mis hijos, mi esposo, mi familia, mi trabajo, mis clientes, mis amigos, mi casa, mi perro, mis dos tortugas y una que otra de esas "cosas que hay que hacer" que le quitan a uno un montón de tiempo. También porque tengo la gran expectativa de hacer de este libro un recurso útil que le haga justicia a mi anhelo de aportarte algo en verdad valioso a través de la experiencia acumulada en tantísimos años que tengo curioseando por la mente de cientos de incautos que piensan que son mis clientes, pacientes, maestros, alumnos, amigos, familiares —y todos los mencionados en la lista anterior—, pero en realidad son objeto de estudio del laboratorio de la doctora Yang, ¡muajaja!

Recomendación para una correcta interpretación de esta lectura: lea de nuevo el párrafo anterior con la música de fondo de la película *Psicosis* de Alfred Hitchcock compuesta por Bernard Herrmann. Si no tienen audífonos la transcribo a continuación: tan tan, tantan, turu turu turu turu, cri cri cri cri, chiquiri chiquiri chiquiri, tan tan tan... (Lo siento, repito, son las 5 a.m.).

Entonces, habiendo dicho lo anterior, a lo largo de estas páginas sucederá... pues, básicamente lo que tú quieras. Este libro ya no es mío, es tuyo. Así que no te voy a decir qué hacer con él, de la misma manera que esperaría que tú no me dijeras qué hacer con tu dinero que ahora es mío, ¿verdad? Lo que sí te voy a decir es lo que yo haré. Te daré un pequeño tour por mi mente, para que en el peor de los casos te diviertas un rato, y en el mejor te hagas de recursos extraordinarios para convertirte en un alquimista capaz de transmutar tu realidad a través del poder de tu mente y dejar de ser víctima de aquellos pensamientos que no están creando la realidad que deseas y te mereces.

También quiero decirte que mientras lo hago, comprobaré de nuevo (o no) una de mis más estudiadas teorías sobre la construcción de hábitos a través de la alquimia del pensamiento. Y lo haré contigo como testigo. Todos los días, desde hoy, me levantaré a las 5 a.m. a escribir, utilizando las revelaciones y recursos que te compartiré a lo largo del libro, de esta forma averiguaremos si es posible acostumbrarme e incluso disfrutar de esta desmañanada en algún momento (#piedad). Iré documentando el proceso mediante transmisiones en vivo que quedarán grabadas en los *reels* de mi cuenta de Instagram, así que, cuando más curiosidad sientas, llega a ellos mediante este código QR:

Reto 5 a.m.

Ahora sí, te toca a ti. Este libro lo leerás con tu mente, desde tus creencias, para tus propósitos; yo lo puse en papel, pero tú lo pondrás en práctica, lo llevarás a tu vida y harás de él lo que decidas. Quiero empezar por decirte que donde pones tu atención va tu energía, y en donde está tu energía, ¡eso crece! Por eso te recomiendo dirigir tu atención de manera intencionada, para que logres encontrar en estas páginas lo que necesitas y hagas de estas palabras lo que necesites, según tu intención. El que define el mensaje no es el emisor, sino el receptor, así que recibe y construye lo que tanto anhelas. Para ello, empieza por escribir el prólogo tú mismo respondiendo a estas preguntas (sí, raya el libro por favor, y si es prestado no seas marro y ve a comprar uno porque vas a necesitar escribir en él, subrayarlo y personalizarlo, así que aquí te espero).

PRÓLOGO

Lo que quiero encontrar en este libro es:

Lo que quiero crear en mi vida, con los recursos de autoconocimiento y manejo mental que aquí encontraré, es:

Lo que quiero comprobarme a mí mismo con estas páginas es:

¿Qué creencias limitantes sobre mí mismo, sobre el tema o sobre la autora podrían estar creando resistencia en mi mente en este momento? (Hacerlas conscientes te ayudará a liberarlas o quedártelas, pero por elección).

¿Cómo voy a preparar mi entorno y mi mente para disfrutarlo más mientras lo leo y lograr que mi cerebro esté más atento y receptivo? ¿Cómo lograré enfocarme con total atención?

____

____

¿Estoy listo para incomodarme un poco por un momento para asumir mis posibilidades, hacerme cargo de mi existencia y crear conscientemente mi experiencia de vida? ("Tanto si piensas que puedes, como si piensas que no puedes, estás en lo cierto", Henry Ford).

____

____

Este prólogo fue escrito por ______________________

(TU NOMBRE O FIRMA AQUÍ)

Estado de ánimo (¿cómo te sientes en este momento?):

____

Fecha: ____

Lugar: ____

Ahora tómate una *selfie* con el libro, súbela a tus redes, etiquétame con @pamelajeanmx (prometo repostear) y escribe en el *copy*:

"Queridos todos, con esta foto me despido... acabo de comenzar un viaje sin boleto de regreso, y a partir de hoy no volveré a ser la misma persona, no, seré una versión mucho más ~~chingona~~ poderosa, un alquimista capaz de hacer magia con mi pensamiento. Hasta entonces. ¡Abur!".

EL PORTAL HACIA LA ALQUIMIA

Cuando mi buena amiga Pamela Jean, autora de *La magia de la persuasión* y, ahora, *La alquimia del pensamiento*, me invitó a escribir la introducción o portal del libro que ahora tienes en tus manos, nunca me imaginé que al leerlo me iba a encontrar con este gran y poderoso mensaje que analiza a fondo esa masa tan impresionante que es el cerebro humano.

Pamela es especialista en neurociencias aplicadas al comportamiento humano, programación neurolingüística, inteligencia emocional, reprogramación de creencias, comunicación asertiva, ingeniería de la persuasión, desarrollo humano multidimensional, así como en distintas materias y disciplinas que ayudan a mejorar muchísimo la calidad de vida de las personas. Además, tengo el gusto de que sea colaboradora del programa de radio *Por el placer de vivir* desde hace varios años.

Para darte una idea precisa de lo que te espera en este fantástico libro, Pamela empieza con una perfecta explicación del significado de la alquimia, relatando la historia de esta fascinante mezcla de ciencia, filosofía y misterio que se remonta a miles de años atrás, y te lleva de la mano a entender que tu mente es la gran alquimista. Nos revela que al igual que los alquimistas buscaban convertir los metales en oro, nosotros también tenemos el poder de transformar nuestros desafíos, adversidades y "metales" internos en valiosas lecciones de aprendizaje y crecimiento, lo que nos lleva a la primera poderosa conclusión de muchas que obtendremos: "Nuestros pensamientos deben ser un reflejo de quienes somos para poder crear lo que queremos".

En este libro encontrarás magníficas herramientas que te servirán en tu proceso de transformación. Analizarás y descubrirás el potencial ilimitado que tienes para convertirte en la mejor versión de ti mismo. ¡Tu mente es muy poderosa! Así pues, en estas páginas la autora te presentará la fórmula para ir escudriñándola poco a poco hasta llegar a comprender su funcionamiento y sus inmensas posibilidades. De esta forma podrás asumir tu responsabilidad frente al cambio, ya que cambiar cuesta mucho, pero no hacerlo tiene costos inmensurablemente mayores, como cederle el control de tu vida a alguien a quien no le importa tu vida, ya que, como ella dice, y por paradójico que parezca, a tu cerebro no le importa tu vida, solo le importa seguir con vida. Tu cerebro es una máquina maravillosa, pero al final del camino es solo eso: ¡una máquina! El cerebro no ejecuta con intención nada de lo que hace, aunque suene increíble.

Por ello te invito a que te introduzcas en el fantástico e interesante mundo de tus pensamientos, en donde seguro encontrarás la fórmula para mejorar notablemente tu calidad de vida y cómo la vives.

Al terminar de leer *La alquimia del pensamiento* quedarás pasmado, incrédulo con todo lo que descubrirás y, al mismo tiempo, ansioso de poner en práctica tantas enseñanzas y conocimientos. Te lo aseguro: ¡lo vas a devorar!

¿Listo para atravesar este portal y transportarte? Entonces, ¡sácale todo el provecho posible!

Dr. César Lozano

1

TU MENTE, LA GRAN ALQUIMISTA

¿Qué es la mente?

¿Qué pensarías si te dijera que tu cuerpo vino precargado con una máquina revolucionaria hecha con una tecnología de punta, un número de serie único e irrepetible, un procesador Intel Core (inteligencia-corazón) a través del cual procesa todo lo que le pasa y que además cuenta con un sistema operativo inigualable, con la posibilidad de actualizarlo y optimizarlo cada día para su mejor funcionamiento, y una memoria RAM con la capacidad de almacenar y reescribir datos y funciones de manera ilimitada? Es tuya, puedes usarla y aprovecharla al máximo, hacer con ella lo que se te ocurra. Trabaja a partir de energía, de descargas de electricidad que toman forma de emociones, pensamientos, palabras y acciones. Parte de su maquinaria está conformada por un cerebro capaz de tomar decisiones autónomas, sin cuestionarte, para mantener tu cuerpo con vida y funcionando adecuadamente, también para mantener o recuperar el equilibrio —homeostasis—[1] después de una descompensación.

Frente a este aparato tan sorprendente de inteligencia real tienes tres opciones:

1 La homeostasis del cuerpo humano es el proceso mediante el cual se mantiene un equilibrio interno estable y constante para asegurar el funcionamiento óptimo de los sistemas y órganos.

a) Lo utilizas en su versión de fábrica 1.0 Primitivus Autonomus, solo para sobrevivir y usar tu energía para cubrir tus funciones básicas, convirtiéndote en un zombi y en una víctima de tus programas preinstalados, enojado de forma permanente porque no te gustan las aplicaciones precargadas ni los colores del fondo de pantalla prediseñado ni las automatizaciones preconfiguradas. Obviamente jamás consideraríamos esta opción, ¿verdad? Es la del primo de la hermana de nuestro amigo.

b) Lo actualizas a su versión 2.0 Victimus Inconsciensus, aunque con un poco más de capacidad creativa. Te das cuenta de que no sirve solamente para checar tus correos y ver videos de YouTube, y abres Word o Excel para variar y te entretienes un rato creando archivos nuevos. Te das cuenta de que esos programas, apps y fondos de pantalla preinstalados, prediseñados y preconfigurados no son de tu total agrado, así que te pones a buscar a quién culpar de todos tus "pres". Entonces llevas tu máquina con expertos y les pides que te ayuden a hurgar en el sistema para ver quién demonios los instaló y así poder hacer un arduo trabajo intentando perdonarlos el resto de tu vida y sin darte cuenta te conviertes en una víctima desdichada de tus circunstancias. Bueno, es un avance, por lo menos ya eres capaz de analizar tus recursos.

c) Lo llevas a su máxima posibilidad y lo actualizas a la versión 3.0 Alchemus Consciensus. En esta versión sabes que es importante conocer tus recursos, así que haces un análisis objetivo de aquellos con los que ya cuentas, sin embargo lo haces sin victimizarte ni culpar a los que hicieron el ensamblaje ni la programación en la fábrica. Reconoces aquellos programas y apps que te parecen obsoletos de acuerdo con tus objetivos, te conectas y los actualizas una y otra vez, te das cuenta de que diario puedes tener acceso a actualizaciones nuevas y necesitas desarrollar fuerza de voluntad y disciplina para poder aprovecharlas, pero sobre todo humildad para reconocer cada día que tu versión actual es anticuada y debes renovarla; aprendes a hackear tu computadora y la reprogramas a tu antojo porque sabes que no eres tu computadora, sino algo mucho más grande y poderoso que ella, capaz de alterarla según tu misión. La usas a ella en lugar de que ella te use a ti. Pasas de hacer uso de una inteligencia real a una inteligencia divina, pues reconoces que a esta vida no vienes solo a conocerte sino a crearte.

¡Y pum!, empiezas a hacer magia con tu mente.

Pero no cualquier magia, esta vez no se trata solo de hacer trucos, no es un acto de ilusionismo que combinando tus recursos verbales y no verbales de determinada forma vas a lograr "parecer" lo que quieres. Se trata de hacer alquimia para transformarte de manera profunda, en esencia, y ser lo que quieres.

Si ya leíste mi libro *La magia de la persuasión* recordarás que ahí revelo cómo a través de tus palabras y argumentos, tu lenguaje corporal, tu imagen física, las emociones que contagias y el manejo de tu voz puedes crear una experiencia congruente y agradable para tu interlocutor o tu audiencia, generar confianza y abrir los canales de comunicación para volverlos receptivos. Ahí sí se trata de trucos y combinaciones que te permitan parecer lo que eres, lo cual es sumamente importante, porque de nada sirve ser algo si no puedes transmitirlo o comunicarlo. Debes lograr que los demás sean capaces de percibirlo para poder conquistar voluntades y abrirte la puerta a nuevas oportunidades, dominar la palabra hablada para crear a partir de ella. ¿Cierto?

Pero tampoco sirve de nada parecer algo si no lo eres en realidad. Así como dicen que los perros huelen el miedo, los humanos huelen la falsedad. No se trata solo de lo que haces, se trata también de lo que eres. ¿Quién estás siendo ahora mismo? ¿Defines quién eres a través de lo que haces y los papeles que desempeñas o actúas y te desempeñas en concordancia con lo que eres? ¿Ser o hacer, qué va primero?

Del pensamiento mágico a la alquimia del pensamiento

Una vez escuché al gran Neale Donald Walsh, autor de *Conversaciones con Dios*, decir que la vida no te da lo que quieres sino lo que eres; esto quiere decir que en este preciso momento estás creando de acuerdo con lo que estás siendo. Ya lo abordaremos con mayor profundidad porque esto que te digo es tremendamente relevante. Por ahora nada más lo sembraré en tu mente como una semillita que irá germinando a lo largo del libro, pero que desde ya nos ayuda a vislumbrar la profundidad del nivel de magia que aprenderemos a hacer.

Y no... no se trata de pensamiento mágico, de esa manera ilusa e ingenua de ver la vida creyendo que con el simple hecho de "decretar" algo lo vamos a obtener; a ver, sí podemos manifestar la realidad que deseamos, pero no lo lograremos llenando planas de afirmaciones como "yo soy abundancia, yo merezco, soy salud infinita", jeje, digamos que es un buen principio, pero no basta. Se trata más bien de comprender con mayor profundidad cómo funciona la mente a distintos niveles, y entenderla como un proyector que exhibirá siempre la película que decidamos proyectar, y a eso le llamaremos vida. Si podemos reprogramar la proyección, podemos cambiar la película. Y tenemos el poder para lograrlo. Por eso, en lugar de limitarnos a tener un pensamiento mágico, se trata de hacer alquimia con el pensamiento.

La historia de la alquimia es una fascinante mezcla de ciencia, filosofía y misterio que se remonta a miles de años atrás. Sus orígenes se pierden en el tiempo, en las civilizaciones antiguas de Egipto, Grecia, China y la India. Los alquimistas eran conocidos como los "filósofos del fuego", buscadores de la piedra filosofal y el elixir de la vida eterna.

Desde sus inicios, la alquimia tuvo un objetivo ambicioso: la transformación de los metales comunes en oro, conocida como transmutación. Pero detrás de esta búsqueda material se escondía una búsqueda espiritual y filosófica más profunda: la transformación del ser humano en su estado más puro y elevado.

Los alquimistas creían en la existencia de una sustancia primordial, conocida como "materia prima" o "caos", que contenía todas las posibilidades de transformación. Mediante diversos procesos y experimentos buscaban purificar y perfeccionar esta materia prima, eliminando sus impurezas y elevando su vibración. Durante siglos los alquimistas exploraron la química, la astrología y la medicina en su afán de descubrir los secretos de la transmutación.

Si bien la alquimia se asociaba en gran medida con la búsqueda de la piedra filosofal y la transmutación de metales, muchos alquimistas también se adentraron en la búsqueda del conocimiento interno y la transformación espiritual. Consideraban que la transmutación de los metales era un reflejo externo de la transformación interna que todo individuo podía experimentar.

A medida que avanzaban los siglos, la alquimia se mezcló con la ciencia moderna y dio paso a la química tal como la conocemos hoy en día. Muchos de los procesos y experimentos alquímicos sentaron las bases para importantes descubrimientos científicos. Sin embargo, el legado de la alquimia va más allá de la química. Nos enseña que la transformación es posible en todos los aspectos de nuestra vida, tanto en nivel físico como mental y espiritual. Nos invita a explorar nuestros propios procesos de purificación, transmutación y crecimiento personal.

La alquimia nos recuerda que, al igual que los alquimistas buscaban convertir los metales en oro, nosotros también tenemos el poder de transformar nuestros desafíos, adversidades y "metales" internos en valiosas lecciones de aprendizaje y crecimiento. Nos invita a abrazar el proceso de transformación y descubrir nuestro potencial ilimitado para convertirnos en la mejor versión de nosotros mismos.

Así que, como alquimistas de nuestra propia existencia, utilizaremos el pensamiento consciente como nuestro recurso por excelencia para desatar ese proceso de transformación en cada faceta de nuestra vida y convertir nuestro caos interno en una oportunidad de la cual puedan surgir posibilidades infinitas. A lo largo de estas páginas te iré revelando los cómos. También te compartiré códigos QR con material adicional para que puedas hacer de este un libro interactivo y llevar los recursos a la acción; así como herramientas prácticas y retos, a los cuales llamaremos *catalizadores*, que nos ayudarán a acelerar o ralentizar nuestros procesos y reacciones internas para lograr estos cambios a nivel externo.

Alquimia para llevar

Tus pensamientos deben de ser un reflejo de quien eres para poder crear lo que quieres.

2

PERSUÁDETE

Comunicación interna o intrapersonal

En el libro *La magia de la persuasión* hablo del poder de la comunicación como aliada para conquistar voluntades, crear alianzas, construir acuerdos, vender nuestras ideas, resolver conflictos y vincularnos con otras personas, habilidades que llevo toda mi vida forjando en mí y muchísimos años sembrando y compartiendo con otros a través de cursos, conferencias, seminarios, asesorías, colaboraciones en medios de comunicación y en redes sociales. A ese tipo de comunicación se le llama *comunicación interpersonal.* Sin embargo, como especialista en comunicación, es de mi particular interés aquel diálogo que resulta ser el más importante que los seres humanos tenemos: nuestro diálogo interno. A esta conversación, que mantenemos con nosotros mismos a todas horas y a la cual solemos llamar pensamientos, la nombraremos *comunicación intrapersonal.*

Y me ocupa, en gran medida, porque he notado que, por lo general, la interacción entre nuestras emociones y nuestro pensamiento no suele ser para nada asertiva y mucho menos persuasiva —si entendemos la persuasión como un proceso en el cual ambas partes obtienen una ganancia y se ven beneficiadas, a diferencia de la manipulación, en donde una parte gana a costa de la otra—.

¿Te has fijado cómo es que en muchas ocasiones parece haber en tu mente una lucha entre lo que sabes que es bueno para ti y lo que quieres? Es como si tu cerebro te autosaboteara constantemente para evitar que hagas esos cambios necesarios en tu vida o tomar las decisiones correctas, ¿cierto? ¿Te ha pasado que tus pensamientos te produzcan altos niveles de preocupación, angustia o ansiedad en el presente por la historia catastrófica que te estás contando sobre algo que aún no ocurre y no sabes ni siquiera si pasará? ¿Has notado cómo tu mente te ancla a situaciones del pasado haciéndote sentir desolado, culpable, arrepentido, desdichado o te hunde en una profunda melancolía o nostalgia que no te ayudan a seguir adelante? Pero, sobre todo, ¿te has dado cuenta cómo tu mente en muchos casos no te permite disfrutar del presente porque etiqueta incorrectamente lo que estás viviendo en el preciso momento en que lo estás experimentando y te hace sentir incómodo, molesto contigo mismo, con los demás, con las circunstancias, solo porque no se están desarrollando justo como te imaginaste? Esto tal vez crea en ti una fortísima resistencia al cambio y una bajísima tolerancia a la frustración que no te deja sentirte feliz.

Pues a mí también me ha pasado y me he dado cuenta de todo lo anterior. Por eso te lo digo, porque he estado ahí y te entiendo. Es desesperante no poder callar esa vocecita interna que a veces podría asemejarse más a un verdugo que a un amigo.

Precisamente por eso llevo tantos años especializándome en neurociencias aplicadas al comportamiento humano, programación neurolingüística, inteligencia emocional, reprogramación de creencias, comunicación asertiva, ingeniería de la persuasión, desarrollo humano multidimensional, así como distintas materias y disciplinas que me permiten hoy compartirte aquello que para mí ha resultado útil en la aventura de aprender a cambiar la dinámica de esa conversación y con ello mejorar muchísimo mi experiencia de vida. Pero, sobre todo, me reconozco a mí misma como un canal para comunicar lo importante de la forma más impactante posible, para que logre resonar contigo e iniciar una transformación profunda a través de la cual juntos podamos aprender a gozar más en nuestro camino de evolución.

"Pero, Pam, ¿cómo es que al cambiar la dinámica de nuestro mundo interno puede cambiar nuestra vida, si lo que pasa allá afuera sigue siendo igualito?".

Es una pregunta muy inteligente, y para poder responderla, quiero comenzar por revelarte algo: las situaciones que vives no son buenas ni malas, solo son.

Eres tú, a través de tus pensamientos, basado en la información y los recursos que tienes en ese momento, quien les da un adjetivo. Y por lo general esa etiqueta que eliges ponerles de manera consciente o inconsciente corresponde a las emociones que estás experimentando o las creencias que tienes. Si las emociones son desagradables, entonces la situación es incómoda, mala, fea, estresante, molesta, fastidiosa, etc. Si la situación presente no se ajusta a la película mental que habías diseñado sobre cómo creías que debía desenvolverse equis circunstancia, entonces la etiquetas como "caótica", "frustrante", "confrontante", o le llamas "fracaso" o "tragedia".

Sin embargo, muchas veces con el tiempo podemos mirar esa misma situación en retrospectiva y nuestra perspectiva cambia, porque ahora contamos con información que no teníamos antes o porque hemos adquirido nuevos recursos, lo cual influye en nuestras creencias y pensamientos y nos lleva a verla con otro enfoque. La situación sigue siendo la misma, los hechos no han cambiado, pero nuestra postura frente a ella sí.

Déjame ponerte un ejemplo. Te pido que vayas leyendo esta situación línea por línea y respondas si te parece que es buena o mala; no lo pienses mucho, responde como lo harías automáticamente si alguien te planteara ese escenario en la vida real:

Si una mujer va en un viaje en tren que debía durar una hora y se retrasa cuatro, ¿es bueno o malo?

Si en ese tiempo de espera imagina personajes fantásticos y esboza en su mente una historia maravillosa que podría convertirse en un libro, ¿es bueno o malo?

Si posteriormente esa mujer tiene que criar a su hija sola y se queda sin trabajo y sin dinero, ¿es bueno o malo?

Si utiliza su tiempo redactando la historia que imaginó y escribe un libro, ¿es bueno o malo?

Si lleva ese libro a una editorial y se lo rechazan, ¿es bueno o malo?

Si lo lleva a más editoriales y se lo rechazan también, ¿es bueno o malo?

Si por fin llega a la editorial correcta, lo aceptan y se lo publican, ¿es bueno o malo?

Y si se trata de J. K. Rowling y el libro es *Harry Potter*, ¿es bueno o malo?

Interesante ejercicio, ¿cierto?

¿Te fijas cómo tu apreciación de la situación va cambiando conforme tienes acceso a más información y van apareciendo nuevas circunstancias? Sin embargo, valorar las circunstancias de acuerdo con el conocimiento o información que tenemos en el momento en el que ocurren nos limita intensamente. Por ello, más adelante hablaremos de un concepto aún más poderoso que la resiliencia, uno que nos ayudará en estos casos, pero vamos paso por paso.

Principio de Manifestación de Realidades

Por ahora voy a hablarte de un principio primordial sobre cómo creamos nuestra realidad, y lo llamaremos *Principio de Manifestación de Realidades.*

Este dice así:

Cuando asumimos nuestras responsabilidades, ampliamos nuestras posibilidades.

Para entender su magnitud e importancia, es necesario comprender que solo un mínimo porcentaje de lo que vivimos son circunstancias que ocurren a pesar de nosotros, es decir, es el porcentaje de "lo que nos pasa", lo que no podemos controlar o aquello que creemos que no elegimos. Por ejemplo, vivir una pandemia, una crisis, una enfermedad, un accidente, un tráfico caótico el día de tu presentación, lluvia el día de tu boda, etc. Puede tratarse de una persona en tu vida que llegó sin que tú la escogieras, por ejemplo: tú elegiste tu trabajo, mas no a tu jefe o a tus colaboradores; elegiste a tu pareja, pero no a tu suegra (por cierto, la mía es maravillosa; saludos, suegrita); tal vez elegiste tener hijos, pero no cómo serían; eliges tu estilo de vida, pero no un problema de salud (al menos no conscientemente), etc. El gran problema es que por lo general nos volvemos víctimas de ese pequeño porcentaje de aquello que nos pasa, y construimos el resto de nuestra existencia como una consecuencia de ello, renunciando a nuestro poder para crear nuestra realidad, tal vez porque no sabemos que existe ese potencial en nosotros o porque no sabemos cómo hacerlo.

Observa la gráfica 2.1. Fíjate cómo el porcentaje que representa nuestro poder creador es mucho mayor. Este tiene que ver más con la capacidad de manifestar nuestra realidad por medio de la observación e interpretación de las circunstancias, es decir, nosotros sucediéndoles a las cosas y no las cosas sucediéndonos a nosotros.

GRÁFICA 2.1. **Principio de Manifestación de Realidades**

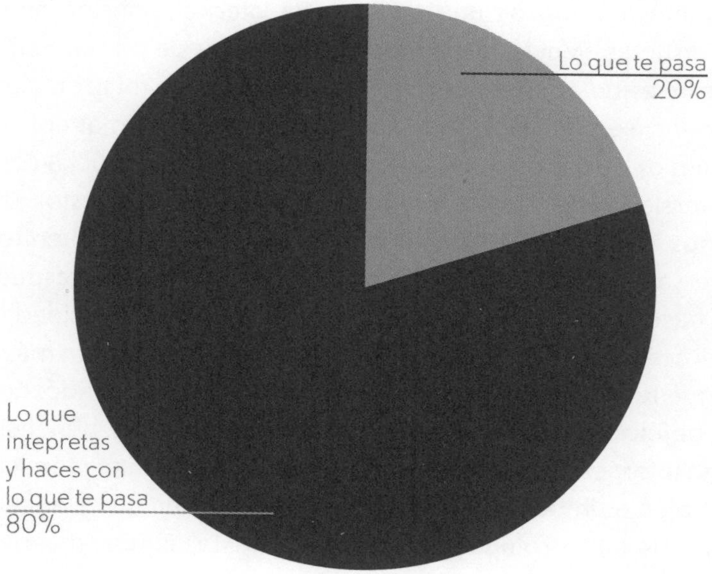

Para comprender los fundamentos de este principio y poder influir sobre él, podemos descomponerlo en partes de un proceso al cual llamaremos con el mismo nombre: *Proceso de Manifestación de Realidades.*

Proceso de Manifestación de Realidades

Para reclamar nuestro poder creador y manifestar nuestra realidad de manera deliberada, primero necesitamos conocer ese proceso, después asumir nuestra responsabilidad sobre él y, con ello, ampliar nuestro abanico de posibilidades.

Entonces, el Principio de Manifestación de Realidades aplicado al proceso se leería así:

Cuando asumimos nuestras responsabilidades dentro del Proceso de Manifestación de Realidades, ampliamos nuestras posibilidades en la vida.

Así que conozcamos primero el proceso. Para describirlo y establecer un glosario o idioma en común a través del cual tú y yo conversaremos el resto del libro, me tomé la libertad de elegir términos que desde una perspectiva integral, considerando las distintas ciencias de la mente y corrientes de pensamiento que he estudiado a lo largo de mi vida, así como mi propia experiencia en este fascinante rubro, me parecieron más aptas y fáciles de comprender. A la fecha sigue habiendo mucha controversia a nivel mundial en cuanto a la aplicación de estos términos, y es probable que si los buscas en internet, encuentres diversas opiniones de lo que son y no son. Por ello, después de hacer un análisis exhaustivo, poniendo como prioridad la fácil comprensión del proceso, elegí los que se adaptan más a lo que te quiero explicar. Así que tú flojito y cooperando, que mi objetivo con este libro es que sea de utilidad y beneficio para tu práctica diaria, no entrar en una discusión académica. También es importante mencionar que el orden que elegí fue parte de otro profundo análisis, ya que estas etapas suceden de manera tan ágil y veloz que hacen difícil establecer la línea tan delgada que divide a una de la otra; ocurren de forma casi simultánea, haciéndonos sentir como si fueran parte de una misma y eso vuelve difícil pensar que podemos influir en ellas. Si tienes una sustancia química en las manos y quieres modificarla, debes empezar por saber de qué elementos está compuesta y cuál fue su proceso de creación, pues eso te ayudará a tomar decisiones. Por eso me di a la tarea de dividirla en partes. Presentarla como un proceso nos permitirá reconocer cada momento, comprender en qué consiste, identificar qué implicaciones y repercusiones tiene y, con fines didácticos, visualizarla como un factor o variable que aprenderemos a alterar de acuerdo con nuestros objetivos. Pon atención al siguiente cuadro:

CUADRO 2.1. **Proceso de Manifestación de Realidades**

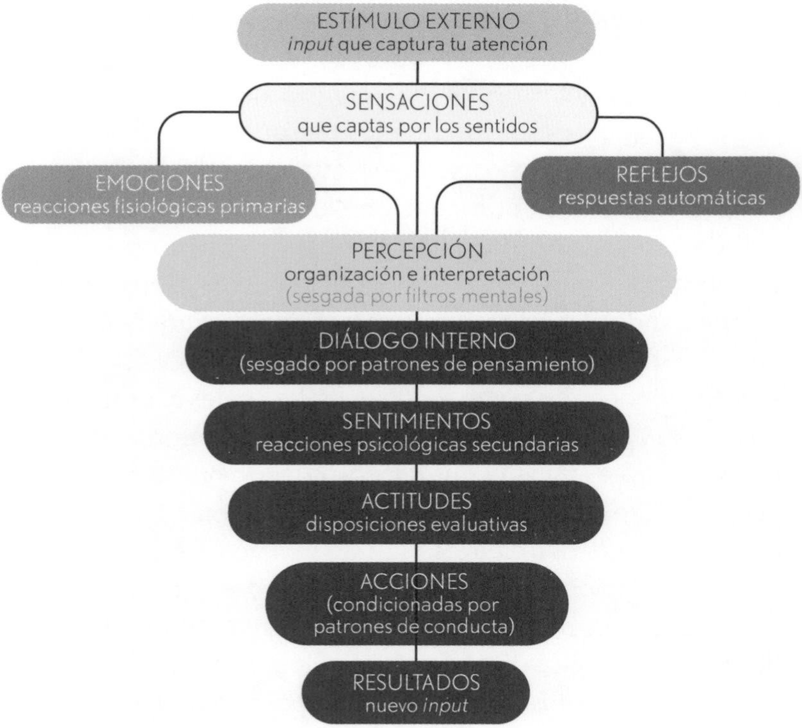

Este muestra en resumen los 10 factores que conforman este Proceso de Manifestación de Realidades a través del cual construimos nuestra experiencia de vida; solemos vivirlo de manera automatizada e inconsciente, ¡es por eso que manifestamos nuestra realidad mediante un proceso inconsciente de creación! ¡Qué peligro!

Para entenderlo mejor imaginemos a Pedro.

Pedro va manejando camino a su trabajo. De pronto, una persona malhumorada e inconforme con la manera de manejar de Pedro se detiene a su lado, baja la ventana, llama su atención y le recuerda a su progenitora, enviándole una serie de *estímulos* verbales y no verbales.

Pedro capta esos estímulos a través de sus sentidos y los convierte en *sensaciones*: ve una expresión facial (que muy pronto interpretará como desprecio), observa un gesto que el sujeto hace con las manos (al que de inmediato otorgará la connotación de "gesto agresivo"), escucha palabras (que al instante interpretará como ofensivas). Las sensaciones registran y convierten la información en impulsos eléctricos para que esta pueda viajar desde los órganos sensoriales, a través de las vías neuronales o nervios, y llegar hasta el cerebro en un idioma que él pueda comprender. Son las primeras informantes del cerebro, las que le hacen saber de forma objetiva, es decir, sin interpretaciones subjetivas, aquello que está sucediendo e impactando al sujeto, en este caso a Pedro. ¿Para qué? Para que su cerebro desate una reacción bioquímica y fisiológica a la que conocemos como *emociones*, las cuales le permitirán adaptarse y hacer frente al contexto. Entonces Pedro se enoja, porque la ira es aquello que sucede cuando nuestro cerebro identifica que hay algo o alguien que está agrediendo u obstaculizando nuestros objetivos.

Las sensaciones y emociones desatan *reflejos* involuntarios, reacciones automatizadas que ocurren de forma inmediata. Los reflejos se dividen en dos categorías: los *actos reflejo*, es decir, aquellos que son producto directo del estímulo y no tienen carga emocional, como rascarte ante la sensación de una pluma sobre tu piel; y los *reflejos emocionales*, que surgen como reacción automática ante la presencia de una emoción, como gritar ante el miedo. Así que Pedro, al experimentar la ira, frunce el ceño y contrae los músculos de alrededor de los ojos, lo que resulta en una mirada amenazante, tensa la mandíbula, aprieta los dientes y gruñe. Todo en menos de tres segundos. En este nivel, el estímulo y las sensaciones representan aquel porcentaje de lo que Pedro no eligió, aquello que "le pasó", y sus emociones y reflejos una respuesta fisiológica ante la sensación.

Al experimentar la emoción y los reflejos, comienza el proceso de *percepción* a través del cual Pedro involucra su cognición para organizar e interpretar la situación. Se abren archivos en la mente racional y emocional de Pedro, memorias relacionadas con experiencias previas similares, que desatan creencias, advertencias y suposiciones de lo que debería de hacer con eso que está viviendo, a las cuales llamaremos *filtros mentales*, estos conforman su mundo interior y le brindan una mirada subjetiva sobre la situación.

El siguiente paso es el *diálogo interno* predeterminado por formas de pensar habituales, a las que llamaremos *patrones de pensamiento*, y son producto de la suma de su percepción y sus pensamientos recurrentes. Pedro recuerda que, de pequeño, su papá siempre le decía que no debía permitir que nadie le faltara al respeto ni pasara por encima de él, que debía poner límites costara lo que costara, pues es un tema de dignidad. Así que Pedro, fiel a las enseñanzas de su padre, empieza a pensar: "¡¿Qué le pasa?! ¿Quién se cree? ¿Cómo se le ocurre gritarme así? ¡Y con mi madrecita nadie se mete, nadie me va a faltar al respeto porque yo me voy a dar mi lugar!". El diálogo interno es la historia que Pedro se cuenta sobre lo que está pasando, son los argumentos racionales a través de los cuales justifica una decisión que tal vez ya tomó a nivel emocional.

El diálogo interno genera emociones secundarias a las que llamamos *sentimientos*, es decir, aquellas emociones que ya tienen un componente psicológico y no solo fisiológico, pues ya pasaron por el tamiz de la razón. Si ya existía una emoción presente, a través de nuestro diálogo interno puede atenuarse, intensificarse o volverse crónica, lo cual la convierte en un estado de ánimo y la hace mantenerse en nuestro cuerpo mucho más tiempo que el que regularmente dura. Por ello, después de la historia que se contó la emoción se intensificó, y Pedro ya no está enojado, ahora se siente furioso.

Los sentimientos dan pie a nuestras *actitudes*. Podríamos decir que las actitudes son el lugar desde el cual hacemos las cosas, desde donde actuamos. Así que Pedro adopta una actitud de venganza, está deseoso de demostrarle a ese tipo que se equivocó y hacerle sentir lo mismo o algo peor que lo que él sintió con sus agresiones.

Las actitudes determinan nuestras *acciones*, que son la forma en que actuamos frente a una circunstancia de manera intencionada. El problema es que a veces esas intenciones no son producto de un pensamiento consciente sino de un proceso inconsciente en el que nos volvemos víctimas de nuestras automatizaciones. A esas acciones automatizadas, esos hábitos inconscientes y repetitivos, les llamaremos *patrones de conducta*. Desde pequeño Pedro vio a su padre y a su abuelo reaccionar con agresividad a las provocaciones de otras personas; es lo que conoce, lo que tiene archivado, lo que siempre ha imitado, es "lo que hay". Entonces Pedro pisa con fuerza el acelerador del coche para buscar al que lo insultó y hacerle saber que ¡esto no se va a quedar así! Y en uno de sus arranques, invadido por la furia y las ganas de vengarse, no nota al automóvil que está tratando de incorporarse en su carril y... ¡choca con él! Porque toda acción lleva a un *resultado*; es la ley de causa y efecto. Y cuando el proceso anterior es inconsciente, los resultados suelen ser indeseados, ya que parece que ocurren a costa nuestra. Nos pasan... y nosotros nos convertimos en unas víctimas ilusas de nuestras circunstancias. Entonces Pedro maldice sus resultados; fracasó. El resultado se convierte en un nuevo estímulo o *input* que desenvuelve de nuevo el proceso. Su diálogo interno se convierte en un reclamo personal de lo estúpido que es, la ira incrementa, aparece la culpa, la actitud empeora, las acciones se repiten reiteradamente y se generan resultados cada vez peores. Si Pedro no hace consciente este proceso inconsciente, convierte esta forma de reaccionar en una conducta habitual, la cual le arroja una y otra vez resultados similares y con ello se aleja cada vez más de su verdadera esencia, de su verdadero ser, de su plenitud y felicidad. A diferencia de una acción, una conducta es una serie de acciones y comportamientos que se repiten de manera consistente. Es como cuando estabas en la escuela y calificaban tu conducta, ¿recuerdas? Esa calificación no correspondía a una acción, sino a una serie de ellas a través del tiempo. Así, Pedro va creando una reputación y la gente lo etiqueta de violento y mecha corta, lo cual se reafirma en la mirada y el juicio de la gente y pierde su libertad de elegir. Ahora se encuentra preso de sus procesos mentales.

Wow, ya sé, parece una historia de terror, y desgraciadamente se trata de la historia de la mayoría de la gente que habita este mundo en calidad de zombi, repitiendo patrones y programaciones, que vive a través del inconsciente como víctima de sus circunstancias, dejándole al breve porcentaje de lo inevitable dictar su destino.

Hasta aquí conocemos ya los 10 factores del Proceso de Manifestación de Realidades que vimos en el esquema. Pero entonces, ¿ahora cómo influir en él para que no sea automático, inconsciente y manifieste realidades indeseadas?

Aquí viene el giro inesperado de la historia, y se trata del factor 11, al que llamaremos...

FACTOR 11 *LOGOS* O FACTOR DE INTERFERENCIA

Para poder comprenderlo mejor te pido que regreses al cuadro 2.1, ¿notas que tiene forma de un útero? Lo diseñé así a propósito, ya que quiero invitarte a que juguemos a equiparar el proceso a través del cual nuestro cuerpo crea vida con la forma en que los seres humanos creamos nuestra existencia y damos a luz nuestra experiencia de vida, esto lo hará más ilustrativo y fácil de recordar.

Observa con atención. Este proceso representa la energía femenina necesaria para que cualquier cosa exista. Los ovarios representan las emociones y reflejos, que al igual que sucede con los óvulos de la mujer, están ahí incluso desde antes de que nazca, ¿sabías? Los óvulos están en el cuerpo desde que la bebé se forma en la panza, y van madurando y envejeciendo junto con su cuerpo. Después de la fecundación los óvulos se implantan en el útero y gestan lo que más adelante pasa por el canal de parto y nace a la luz. Así sucede con este proceso, de manera que a través de la percepción se va gestando el resultado que poco o mucho tiempo después damos a luz y se vuelve evidente. Pero ¿y la energía masculina que fecunda? Ah, pues esa energía masculina es la semilla, y en esta metáfora se trata precisamente del factor 11 o factor de interferencia.

El *factor de interferencia* representa la intención que sembramos, la cual debe ser consciente si queremos crear a voluntad. Este factor está conformado por el *logos*.

A través del tiempo se ha definido al *logos* como:

- El principio racional del universo, en la filosofía griega, especialmente en el pensamiento de Heráclito.
- El discurso racional, la lógica o ciencia del razonamiento, por Aristóteles.
- La Palabra de Dios, en la Biblia, Evangelio de San Juan.

- La Manifestación Divina, por la filosofía judeocristiana, sobre todo en el neoplatonismo.
- El proceso de pensamiento consciente y comprensión, el aspecto lógico de la mente, la expresión verbal o pensamiento interno. Carl Jung es uno de tantos psicólogos que hablan de esto.
- La fuerza o principio que organiza u ordena el caos; Platón dentro de la filosofía griega y el hermetismo.

Entonces, podríamos decir que el logos *es el proceso racional en el que voluntariamente depositamos nuestra atención para provocar un pensamiento consciente por medio de un diálogo interno dirigido a través de preguntas poderosas.*

¿Y por qué dirigir ese diálogo interno consciente a través de preguntas?

Seguro has escuchado la frase *Ask and you shall receive* de Mateo 7:7, que se ha traducido como "Pide y se te dará", sin embargo, en realidad la traducción nos ha confundido por siglos, convirtiendo nuestra conversación con Dios o la Fuente Creadora en un acto a través del cual continuamente le pedimos o solicitamos cosas, acotando nuestras posibilidades a lo que nuestra limitada mente cree que necesita. No obstante, la frase original de la Biblia viene del griego αἰτεῖτε καὶ δοθήσεται ὑμῖν, en donde la palabra αἰτεῖτε se deriva de un verbo que significa también hacer una pregunta o buscar información a través de la interrogación. La palabra *ask* en inglés reúne ambas posibles traducciones del español.

Cuando nosotros, en lugar de pedir, lanzamos preguntas, permitimos que las posibilidades se desplieguen ante nosotros sin filtros, juicios o limitaciones, y descubrimos todo aquello que es posible para nosotros ante determinada situación o circunstancia. Nuevas maneras de pensar, de actuar, nuevos lugares desde los cuales hacer las cosas, y por ello, nuevos resultados.

Es por eso que, asimismo, cuando lanzamos preguntas a nuestra mente, interferimos en su proceso automático, sembramos una intención consciente y recibimos un resultado deliberado.

Así, a esta vida venimos no solo a experimentarnos sino a crearnos, de preferencia, conscientemente. Por ello, el 11 representa también ese canal de parto, esa conexión entre la energía etérea del *logos* y la fuente creadora, con lo humano, lo terrenal, la materia, lo tangible.

"Pam, ¡esto quiere decir que el gran porcentaje que sí está en nuestras manos, ese a través del cual nosotros les pasamos a las cosas, empieza con nuestros pensamientos conscientes!". Así es, acabas de descubrir la razón por la que este libro se llama *La alquimia del pensamiento.*

Ahora bien, sí quiero aclarar una creencia que escucho muy seguido y que no considero cierta, y es que hay personas que dicen que *somos* nuestros pensamientos, pero no, no es así. Somos mucho más que nuestros pensamientos, ellos son solo una expresión limitada de nuestro ser, sobre todo cuando son inconscientes. Sin embargo, como puedes notar con la historia de Pedro, sí *creamos* nuestra experiencia de vida a través de ellos. De ahí la importancia de promover pensamientos con-scien-tes, ya que los pensamientos inconscientes son lo que conocimos en el proceso como diálogo interno predeterminado que nos lleva a resultados muchas veces indeseados.

En resumen, cuando te das cuenta de que este proceso existe, que llevas creando tu vida todos estos años a partir de él, pero de forma automatizada e inconsciente, y que ahora puedes servirte de su comprensión para crear lo que deseas; cuando asumes tu responsabilidad creadora, se manifiestan ante ti nuevas posibilidades y con ello nuevos resultados. Entonces el porcentaje de "lo que te pasa" se reduce aún más. Te asumes como un ser capaz de crear tu propia existencia, adquieres un superpoder que se llama "el poder de elegir" y te vuelves libre, independientemente de tus circunstancias.

#TúEliges.

Qué bonito, ¿no? ¿Te emocionaste un poquito? Espero que sí, si no quiere decir que estás muerto por dentro.

Pero esto sería puro romanticismo o pensamiento mágico si solo nos quedamos en los "qués" y no exploramos los "cómos". La intención no basta para cambiar años de programación; aunque es una gran aliada, debe acompañarse de la acción. Por ello voy a pedirte ahora mismo que escribas 10 planas de: "Yo controlo mis pensamientos, mis pensamientos están para servirme, asumo mi responsabilidad para ampliar mis posibilidades". ¡Nah! Otra bromita. (Lo siento, ya te dije que son las 5 a.m.). Esa definitivamente no es la solución, podemos ahorrarnos las ampollas en los dedos.

La alquimia ocurre a través de un método de tres pasos que resumen de manera práctica y sencilla todo un camino de aprendizaje que hoy quiero compartirte en unas cuantas páginas. ¿Estás listo?

(Resuenan los platillos de la batería, el bombo golpea imitando los latidos de un corazón entusiasmado, la espera parece eterna y de pronto llega el anuncio esperado...).

Este método se llama *Método de Transmutación de Realidades*. Suena elevado, ¿verdad? Sí, lo sé, hasta me sentí más intelectual cuando lo escribí. La verdad es bastante sencillo, pero cuando alguien te pregunte qué estás leyendo, vas a sonar muy interesante, así que ahí tienes. De nada ;).

Alquimia para llevar

La conciencia aplicada y en expansión permanente permite la optimización y evolución de nuestras prácticas, sistemas y programas.

"Así como la verdadera felicidad viene de nuestro interior y no del equilibrio perfecto de todo lo exterior, hoy te recuerdo que aceptar que de alguna forma tu incidencia en el resultado te ayudará a aprender lecciones y a adaptarte a la imperfección natural en que vivimos."
—CÉSAR LOZANO, *Cuando "echarle ganas" no es suficiente*

3

EL MÉTODO DE TRANSMUTACIÓN DE REALIDADES

Contamos con 11 factores que al correlacionarse influirán en la manifestación de tu realidad, y en este caso, el factor 11 de interferencia que representa al *logos* funciona como una especie de comodín que puedes aplicar en cualquier fase del proceso para crear un cortocircuito, influir conscientemente en cada etapa y romper con la automatización.

Cuando no estamos obteniendo los resultados deseados, el Método de Transmutación de Realidades nos ayudará a transformar nuestra realidad actual en aquella que sí queremos y que contribuya a nuestros objetivos. Este método consiste en tres fases:

Fase 1: Identificar en qué factor del Proceso de Manifestación de Realidades se presentó el desencadenante de la reacción inconsciente que nos llevó a los resultados indeseados. Básicamente, encontrar el eslabón débil en una cadena para fortalecerla antes de que se rompa y debilite a todo el sistema. Para ello necesitamos tener un pleno conocimiento del proceso, de cada uno de sus factores y cuáles son sus funciones e implicaciones. Eso es lo primero que haremos.

Fase 2: Introducir el factor 11 o factor de interferencia a través del *logos* (atención, pensamiento y diálogo interno conscientes) por medio de preguntas poderosas a las que llamaremos *preguntas de interferencia*. Se trata de preguntas poderosas que podamos hacernos a nosotros mismos en cualquier momento del día, con la finalidad de invocar al *logos*, hacer un alto y generar un cortocircuito en el proceso, para que este no se siga desenvolviendo de manera reactiva y automatizada. Para irlas integrando, procura tomarte un momento para responderlas en ese instante o durante el día, ya que esto pondrá en marcha un mecanismo en tu mente que, durante las horas o días siguientes, te permitirá depositar tu atención en aspectos que antes no notabas que te sucedían, de forma que al hacerlos conscientes recuperarás tu capacidad para elegir.

Fase 3: Utilizar recursos que permitan ralentizar o acelerar deliberadamente ese factor para poder transformarlo y así impactar al resto de los factores dentro del proceso. Con cada nueva posibilidad que vayamos desplegando frente a nosotros, será como si fuéramos desbloqueando niveles en el juego de la vida y ganáramos nuevos poderes en nuestra práctica de alquimistas. A estos recursos o nuevos poderes les llamaremos *catalizadores*. En el contexto de la alquimia, los catalizadores son sustancias o elementos que se utilizan para acelerar o facilitar las reacciones químicas. Los alquimistas los consideraban agentes clave en el proceso de transmutación. Se creía que tenían la capacidad de influir en la naturaleza de las sustancias y acelerar o desacelerar el cambio deseado, así como de mejorar el rendimiento de las reacciones químicas. En el contexto de la alquimia del pensamiento, los catalizadores son ejercicios, retos y herramientas que nos permitirán transformar nuestra experiencia de vida, optimizando nuestros procesos mentales y mejorando nuestros resultados.

Te explicaré cada factor del proceso y en cada uno agregaré estas *preguntas de interferencia y catalizadores*. Fluye conmigo. Vamos a ello.

Alquimia para llevar

"Cuando ya no podemos cambiar la situación, nuestro reto es cambiarnos a nosotros mismos."

—Viktor Frankl

FACTOR 1 ESTÍMULOS

Los estímulos son el primer factor dentro del proceso y se refieren a cualquier evento o cambio en el entorno que atrae nuestra atención y afecta a nuestros receptores sensibles, comúnmente llamados "sentidos", provocando una respuesta en nuestro sistema nervioso.

Estos pueden ser de naturaleza física, aquellos que captamos a través de nuestros cinco sentidos comunes: vista, oído, tacto, gusto y olfato. Por ejemplo, el sonido de una campana, el olor a café recién hecho o una imagen colorida pueden ser estímulos que captan nuestra atención y nos provocan una respuesta.

También existen estímulos producidos por nuestro propio cuerpo y que captamos a través de nuestros sentidos de propiocepción o kinestésico —que nos proporciona información sobre la posición, movimiento y tensión de nuestros músculos y articulaciones—, interocepción o cenestésico —que nos permite conocer el estado interno de nuestro cuerpo— y vestibular —que sirve para mantener el equilibrio y orientación espacial del cuerpo—.

Cuando dichos estímulos interactúan con nuestros sentidos, estos traducen la información que reciben en señales eléctricas que el cerebro puede entender y procesar, y surgen las sensaciones.

FACTOR 2 SENSACIONES

Las sensaciones son la información cruda y básica que recibimos a través de nuestros sentidos, y son el resultado directo de la estimulación sensorial a través de impulsos eléctricos externos o internos. Por ejemplo, cuando vemos un objeto, la sensación visual nos proporciona la información sobre su forma, color y tamaño. Si tocamos una superficie áspera, la sensación táctil nos informa sobre su textura.

Las sensaciones pasan por tres etapas:[2]

a) Etapa física: En ella el estímulo activa el órgano receptor sensorial correspondiente. Por ejemplo: un aroma activa el sistema olfatorio.

b) Etapa fisiológica: Se da una reacción en cadena en nuestro organismo, generando el conocido proceso de transducción por el cual la información sensorial se convierte en información neuronal y activa una serie de estructuras del sistema nervioso, con las cuales pueden aparecer actos reflejos (factor 3) o emociones (factor 4). Por ejemplo: el sistema olfatorio manda la señal al cerebro y si el aroma es desagradable se activará un reflejo nauseoso, ¡puaj!

c) Etapa psicológica: En esta última fase la persona es consciente de la sensación, lo que provoca una reacción o respuesta. La persona necesita organizar e interpretar la información y, con ello, empieza el proceso de percepción (factor 5). Por ejemplo: "¡Guácala, esto me recuerda al aroma de las pescaderías cuando acompañaba a mi mamá de compras, aléjenlo de mí!".

2 Isabel Rovira Salvador, "Los 7 tipos de sensaciones y qué información captan", *Psicología y Mente,* 28 de abril de 2018. Disponible en: https://psicologiaymente.com/psicologia/tipos-de-sensaciones.

¿Cuáles son las sensaciones principales generadas por estímulos externos?:

- **Visuales:** cromáticas (detección de colores) y acromáticas (detección de la claridad de la luz y el ambiente, yendo del blanco al negro absoluto).
- **Auditivas:** características como la intensidad, frecuencia y complejidad de las ondas del sonido, que se traducen en percepción de tono, timbre y volumen.
- **Olfativas:** agradables o desagradables.
- **Gustativas:** dulce, ácido, salado y amargo.
- **Táctiles:** suave, rugoso, áspero, frío, tibio, caliente.

¿Cuáles son las sensaciones principales generadas por estímulos internos?

Se trata de las *kinestésicas* y *cenestésicas*, aquellas que ocurren dentro de nuestro organismo. Para identificarlas hagamos un ejercicio:

Tengo en este momento en mis manos un material didáctico elaborado originalmente para enseñar a niños a identificar sus sensaciones; es una lotería de las sensaciones elaborada por Daniela Hernández, creadora de Sentipensar de Emociones.[3] En un ejercicio maravilloso, Daniela entrevistó a varios niños y les pidió que les pusieran un nombre a ciertas sensaciones que sentían en su cuerpo; las palabras que encontrarás a continuación fueron las que ellos eligieron para describirlas.

¡Juguemos! Para potenciar la conexión con tu cuerpo te reto a leerlas y concentrarte por unos momentos para identificar a través de qué sentido, en qué parte del cuerpo y en qué momentos tú mismo has experimentado una sensación que podrías asociar con las palabras de esta lista: explosión, cosquilleo, estrellas, nudo, frío, presión, nubes, hormigueo, torbellino, piedras, picazón, sequía, mariposas, piel de gallina,

---

3 Sentipensar de Emociones es una marca de materiales didácticos diseñados para niños de todas las edades con el objetivo de educarlos en el desarrollo de su inteligencia emocional. Instagram: @sentipensar_deemociones.

hueco, vibración, revoltura, candado, calor, peso, sudor, bomba, tensión, espinas, explosión.

¿Qué otras podrías agregar?

Si bien hay muchos estímulos que forman parte de aquel porcentaje de lo que no elegimos o controlamos, hay muchos otros que sí elegimos de forma consciente o inconsciente todos los días, lo que me lleva a pensar que si los estímulos que provocan las sensaciones en nuestro cuerpo son el primer eslabón en el proceso a través del cual construimos nuestra experiencia de vida, ¡qué importante es empezar a elegir esos estímulos de forma intencionada y deliberada! Por eso, invitemos al *logos* a participar en esta parte de la ecuación a través de nuestras primeras preguntas de interferencia.

Preguntas de interferencia estímulo-sensorial 1

Por ejemplo, piensa cuál es el primer estímulo que recibes en el momento en el que te despiertas y qué sensación te genera. ¿Una alarma? Si va a ser el estímulo que te saque del sueño agradable y placentero en el que estás, elige que sea un sonido amable. ¿Cuál es el siguiente estímulo? ¿La pantalla de tu celular? ¡Es que la tentación es tremenda!... Pues oye, uno tiene que averiguar a primera hora si el mundo sigue girando en el mismo sentido de siempre o si de pronto se detuvo mientras dormíamos plácidamente, ¿verdad? Pero ¿qué pasa si lo primero que te arroja el *feed* de tus redes sociales o tu correo o tu sistema de mensajería es algo desagradable o estresante? ¿Con esas sensaciones quieres empezar tu día?

Recuerdo cuando trabajaba como asesora de comunicación para el gobierno de la ciudad de Puebla, una experiencia maravillosa en casi todos los sentidos, pero con un inconveniente: todos los días a las 7 a.m. recibíamos en un chat particular una lista de las noticias más relevantes del mundo, del país, del estado y de la ciudad. Y, francamente, la gran mayoría de las veces no eran noticias agradables. Despertar sabiendo que un niño había sido secuestrado, que alguien había sido asesinado, que había habido un accidente trágico o cualquiera de esas cosas que pasan en todo el mundo y de las cuales regularmente no nos enteramos, no era ni agradable ni conveniente. Sin embargo, tenía que hacerlo, porque dentro de mis funciones estaba mantenerme alerta a cualquier asunto para evitar que malentendidos o falsos comunicados opacaran los esfuerzos y estrategias que cada día se ejercían con tanta conciencia y cuidado por quienes, en franca actitud de servicio, gobernaban la ciudad. Así que había que estar bien enterados. Fueron tres años así. Y te confieso que en cuanto terminó esa etapa, no he querido volver a ver las noticias. Me volví consciente del efecto que tienen en mí, ya que soy especialmente sensible al dolor ajeno. Hoy elijo lo que veo y de lo que me entero. Leo titulares y me adentro únicamente en lo que considero importante. Claro que me importa saber si hubo una catástrofe del otro lado del mundo, sobre todo si puedo hacer algo para ayudar, pero no me hace bien adentrarme en las historias de esa gente sufriendo a causa de las inclemencias del clima o de otros seres humanos. Sí me importa saber qué decisiones se están tomando desde el gobierno de mi país y lo que opinan quienes de manera crítica comentan al respecto, pero no me interesa ver los miles de mensajes, mentadas, quejas y burlas de quienes se entretienen y desahogan insultando solo por deporte. Elijo qué y hasta dónde. Y no, no es lo primero que hago en la mañana.

También selecciono las películas y series que veo. Antes era fan de las series de crímenes y las películas de terror. Pero hoy entiendo que es rudeza innecesaria para mi sistema, que ya de por sí tiene que lidiar con un montón de estresores que no siempre puedo elegir, entonces he optado por alimentar mi cuerpo y mi mente con mejores opciones que me ayuden a alcanzar y preservar un estado de bienestar que coadyuve a mi tranquilidad, creatividad y felicidad.

Quiero que sepas que el cerebro no distingue bien entre la realidad y la ficción; cuando ves una película de narcos llena de matanzas y agresividad, o *El juego del calamar* (piedad) tu cerebro capta los estímulos y cree en cierta medida que eso que estás viendo ¡lo estás viviendo! Y se estresa. Esto es tan real que, por ejemplo, se recomienda que los niños pequeños no vean en la TV programas con personas reales, sino caricaturas. Estas deberían estar diseñadas para ser muy diferentes a las personas reales, de modo que el cerebro del niño no se confunda y tenga claro que se trata de algo ficticio. Bueno pues nuestro cerebro no madura mucho en este sentido en la vida adulta, porque además de involucrarnos en la trama (unas personas más que otras), tenemos unas neuronas a las que el neurobiólogo italiano Giacomo Rizzolatti nombró "neuronas espejo", las cuales nos permiten sentir las emociones ajenas con la finalidad de poder distinguirlas, pero también para poder experimentarlas y así generar empatía con los demás para poder actuar al respecto. Si vemos a alguien sintiendo dolor, las neuronas espejo nos harán sentir cierto nivel de ese dolor, de forma tal que podamos actuar compasivamente y asistir al otro, o al menos aprender en cabeza ajena para no repetir la conducta que lastimó a otro ser humano. Una prueba de la manera en que estas neuronas funcionan cuando vemos la TV me sucedió ayer. Me puse a ver una película con Tony, mi esposo: *Déjalo ir*. Sí, buena, pero también muy angustiante durante toda la segunda parte. Claro que lloré y me involucré tanto en la trama que pude sentir el miedo y la ansiedad de los personajes, al grado de que en un momento en que los protagonistas están huyendo a escondidas para salvar a un niño, el chavito habla fuerte y yo... sí, yo... dije en voz alta: "¡Shhhhht!". Al instante Tony le puso pausa y volteó a verme sorprendido:

—¿Lo callaste? —me preguntó.

—Parece ser que sí —le contesté.

Y los dos nos atacamos de la risa.

Es que la visión es la actividad esencial de la atención. Las imágenes sugestionan y estimulan el pensamiento. Fíjate cuántos de tus pensamientos aparecen en forma de imágenes o películas que, al presentarse en el ojo de tu mente, desatan distintos procesos en tu cuerpo. En varias ocasiones mis hijos se han levantado de noche para decirme: "Mamá, no puedo dejar de pensar en el monstruo de la caricatura, lo veo en mi mente y me da miedo, no puedo dormir". Por eso cuando están viendo algún programa o imagen en internet, en lugar de censurarla de inmediato, les cuestiono: "¿Esto es lo que quieres guardar en tu mente?, porque esta imagen te va a acompañar cuando estés solo en tu cama hoy por la noche, ¿la eliges? Recuerda, mi vida, que los ojos son órganos de creación, no solo de percepción. Con ellos creas tu realidad. Son la puerta de entrada a tu conciencia". Te sorprendería la velocidad con la que la cambian sin chistar.

Así que, en la medida de lo posible, hay que cuidar los estímulos que consumimos y las películas que elegimos. No quiere decir que nunca más podamos volver a ver un drama o una película de guerra, más bien se trata de elegir conscientemente nuestras batallas y no hacerlo cuando ya de por sí estamos estresados; ya hablaremos de esto en el "catalizador de detox mental" un poco más adelante.

Otro aspecto fundamental que debemos tomar en cuenta en relación con las sensaciones es el fenómeno de habituación sensorial. Se refiere a la disminución de la respuesta sensorial o la atención a un estímulo repetitivo o constante, básicamente aquello que ocurre cuando te acostumbras a una sensación. Cuando estamos expuestos con frecuencia a un estímulo sensorial, como un sonido, un olor o una sensación táctil, nuestra sensibilidad a ese estímulo disminuye con el tiempo.

La habituación sensorial es un proceso natural del sistema nervioso que nos permite adaptarnos a estímulos constantes y centrar nuestra atención en cambios o estímulos nuevos que pueden ser más relevantes o importantes. Este fenómeno nos permite filtrar la información sensorial repetitiva y mantenernos enfocados en las novedades del entorno para poder descodificarlas e interpretarlas.

Por ejemplo, imagina que te mudas a una nueva casa cerca de una vía de tren. Al principio el sonido del tren pasando puede ser muy notable y captar tu atención. Sin embargo, a medida que te acostumbras al sonido repetitivo del tren, tu cerebro se habitúa a la señal y la respuesta sensorial disminuye. Con el tiempo, es posible que ni siquiera te des cuenta del sonido del tren, a menos que haya cambios significativos, como un ruido inusualmente fuerte.

La habituación sensorial es un mecanismo adaptativo importante que nos permite procesar con eficiencia la información sensorial y enfocar nuestra atención en estímulos relevantes y novedosos. Sin embargo, también puede llevar a una disminución de la capacidad de percibir detalles sutiles o cambios graduales, en estímulos familiares. Lo cual me recuerda a la metáfora de la rana que se cuece en una olla porque va habituándose al calor y no es capaz de identificar el incremento gradual de temperatura para poder brincar y salvarse, así que se relaja y se muere. ¡Qué cruel! ¿Verdad? Y tú, ¿a qué sensaciones o aspectos de la vida te estás habituando? Hacerlas conscientes te permitirá brincar y escapar de la olla antes de hervirte.

Por ejemplo, ¿te ha pasado alguna vez que estás en un lugar, tratando de mantener una conversación con otras personas, haciendo un esfuerzo por escuchar y sintiéndote algo incómodo, cuando de pronto alguien apaga el aire acondicionado y el aparato deja de producir ese molesto sonido que no habías captado conscientemente hasta que ¡desaparece!? Y es hasta ese momento que piensas: "Uff, esto era lo que me tenía estresado". Te habías habituado hasta cierto grado al estímulo auditivo, ya no lo oías de forma consciente, sin embargo este seguía afectando tu estado interno. El problema es que mientras permanecía inconsciente, no podías hacer nada para modificarlo.

¿Y cómo me libero de la habituación sensorial, cómo volver a hacerme consciente de lo que ya no soy capaz de notar? Pues claro, invocando al *logos* o pensamiento consciente.

Preguntas de interferencia estímulo-sensorial 2

¿Qué estímulos estoy captando en este momento y cómo me hacen sentir? Si no generan armonía, ¿qué puedo hacer al respecto? ¿Qué estímulos puedo agregar de forma deliberada para contrarrestar los otros o para crear un ambiente más agradable?

Pon atención consciente a tus sentidos, tanto a los externos como a los internos, y date cuenta de las sensaciones que estás experimentando. ¿Cómo te relacionas con esos estímulos? ¿Te generan placer o incomodidad? Tal vez te sientes abrumado y no habías notado el desorden a tu alrededor, tus ojos han estado captando ese caos y llevándolo a tu interior. Quizá hay un olor desagradable al cual ya te habituaste, pero sigue estando ahí, estresando a tu cerebro. Posiblemente exista algún sonido molesto de fondo al que no habías prestado atención consciente. O tal vez se trata de una sensación corporal. Revisa tu postura: ¿estás cómodo en esa silla o sigues sentado en ella porque es lo que hay? ¿Esa posición de tu cuerpo es agradable o te está provocando una tensión innecesaria? Escanea tu cuerpo, relaja tus músculos y reconsidera tu postura. Pon atención también a las señales que te están enviando tu sistema nervioso y tus órganos: ¿tienes algún dolor o molestia? Tal vez tienes sed, hambre o frío y no lo habías notado por estar tan concentrado en tu trabajo, sin embargo, cuando nuestras necesidades básicas (nutrición, hidratación, temperatura corporal, descanso, respiración, salud) no están cubiertas, entonces tu cerebro se encarga en automático de enviarte impulsos a través de tu sistema nervioso para estresarte, incomodarte y que te enfoques en cubrirlas, por lo que te resultará muy difícil concentrarte en esa tarea creativa. ¡Pues claro, primero hay que asegurar tu supervivencia, bendito cerebro!

Desarrollar la habilidad para mover nuestra atención de manera consciente y voluntaria hacia adentro para identificar nuestros estímulos internos (enterocepción) y hacia afuera para percibir los externos (exterocepción) es una de las claves para habitar cada experiencia de forma consciente y poder tomar decisiones que nos permitan realizar ajustes a los estímulos de acuerdo con nuestros objetivos.

Ya que hicimos una pausa para pensar en nuestras sensaciones, vayamos a la tercera fase del método y descubramos los recursos o catalizadores para alterar estos dos primeros factores:

Catalizadores estímulo-sensoriales

Catalizador estímulo-sensorial 1: La atención dirige la tensión

Cuando estudié programación neurolingüística (PNL) aplicada a la hipnosis terapéutica con el cofundador de este modelo, Richard Bandler, aprendí lo importante que es saber invertir nuestra atención de forma congruente con nuestros objetivos, en lugar de desperdiciarla erróneamente. Hoy parece que todos tenemos una fuga en el sistema y desperdiciamos nuestra energía porque no sabemos dirigir nuestra atención con eficiencia. Muy al contrario, nos dejamos distraer todo el tiempo por estímulos asociados a intereses ajenos de aquellos vampiros del consumismo que se pelean por nuestra energía y viven inventando novedosas tácticas para acaparar nuestra atención, atraernos y distraernos de lo que a nosotros nos importa en realidad, haciéndonos creer que lo que ellos tienen que ofrecer es más interesante y, por ende, más relevante. No basta con los estímulos que recibimos de la TV, radio, espectaculares, anuncios, periódicos, revistas y personas a nuestro alrededor; ahora todos cargamos con uno o varios aparatos que compramos supuestamente para mantenernos conectados con nuestra gente y que en realidad nos desconectan de ella; para poder adquirir bienes, productos y servicios que necesitamos en el día a día, pero acabamos por consumir más de lo que necesitamos; para hacer más eficientes nuestras tareas, aunque nos distraen tanto que nos abstraen de ellas. Sabes a qué aparatos me refiero, ¿verdad?

Mientras escribía me acordé del chiste que contaba de pequeña, en donde un maestro zen le dice a su discípulo que observe durante unos minutos a un pez nadando dentro de una pecera y con su atención busque dominarlo mientras le afirma: "Mente superior domina mente inferior". Al poco tiempo el maestro regresa y para su sorpresa encuentra a su discípulo mirando fijamente la pecera y haciendo con la boca como pez. ¡Ja, ja, ja! Me causaba mucha gracia. Ahora lo que me da risa es que eso nos sucede con nuestros celulares y tablets. Se suponía que nosotros éramos la mente superior que dominaría a la inferior, pero resulta que los dominados acabamos siendo nosotros, y esos aparatos nos manipulan a su antojo.

Y mira, yo no puedo aventar la primera piedra, soy tan víctima como tú de este fenómeno, pero en la medida en la que ambos lo tengamos presente y lo hagamos consciente, podremos recuperar nuestra libertad. Aquella que empieza por decidir hacia dónde dirigimos nuestra atención, porque a donde pones tu atención diriges tus pensamientos, y con ellos alteras para bien o para mal tus procesos fisiológicos y psicológicos.

Una buena forma de ir trabajando nuestra atención es empezar por dirigirla de manera consciente a los estímulos, con la finalidad de disminuir o potenciar las sensaciones.

Recuerda que las sensaciones nos llevan automáticamente a generar aceptación o rechazo como impulso de supervivencia. Sin embargo, el placer y el dolor son sensaciones que se pueden atenuar o exacerbar a partir de la atención dirigida. Incluso podemos encontrar placer en el dolor si nuestra mente así lo quiere. Piénsalo, ¿cuántos estímulos que te producen dolor buscas de manera deliberada? A mí, por ejemplo, me viene a la mente un masaje de tejido profundo, algo que procuro y disfruto a pesar de que me duele bastante. Podríamos decir que me asusta, pero me gusta. El arte está en el modo en el que enfocamos nuestra atención. Si nos concentramos en lo desagradable del dolor y lo tenemos asociado a algo negativo, nuestra mente producirá estrés o miedo, y la presencia de adrenalina en el cuerpo incrementará la sensación. Si nuestro enfoque se deposita en los beneficios que vendrán como consecuencia de ese dolor, nos volveremos más resilientes y fuertes, alegres incluso, y la alegría sirve como analgésico que mitiga de forma parcial o total la sensación de dolor. Así que elige en qué sensaciones depositar tu atención, pues eso las potenciará o atenuará.

Supongamos que te están realizando un procedimiento médico doloroso. Lo que no debes hacer es depositarla en el foco de dolor, pues eso te hará producir pensamientos que aflijan tu mente e incrementen el dolor. Primero recuerda que una cosa es el dolor fisiológico y otra tu percepción subjetiva de ese dolor, la que resulta como producto de tu pensamiento, que puede atenuarlo, exacerbarlo e incluso llevarte a disfrutarlo.

Una técnica útil es la autohipnosis. En 2016 di a luz a mi primera hija, Doménica, y estuve en labor de parto durante 11 horas. Durante ese tiempo yo me mantuve en autohipnosis gracias a un libro maravilloso llamado *Painless Childbirth*[4] de Tina Taylor, a través del cual me preparé para sugestionar a mi mente y disminuir el dolor. Adicionalmente mi doula,[5] Paola, a través de música, luz tenue y el poder de su voz me mantuvo en un estado de trance durante tanto tiempo gracias al que, te juro, no sentí dolor; puedo afirmarte que fueron 10 horas que fluyeron armoniosa y suavemente, a pesar de las revisiones, contracciones y el rompimiento de la fuente. Ah, pero a las 10 horas mi doctor me informó que sería inevitable una cesárea. En ese momento salí del trance y de la autosugestión y, ¡piedad!, empecé a sentir muchísimo dolor, que siempre había estado ahí, aunque yo no lo había sentido. De nuevo intenté redirigir mi atención, hasta que por fin llegaron con la anestesia local necesaria para el procedimiento. Soy testimonio de que esto que te enseñaré funciona.

Olvídate de la hipnosis de los shows, de esa no hablo. Me refiero a aquella que se usa de manera probada y comprobada, incluso en quirófanos de todo el mundo, para pacientes alérgicos o intolerantes a los químicos de la anestesia. Acá te dejo un artículo sobre el uso de la hipnosis para el dolor, que seguro te parecerá interesante:

Hipnosis para el dolor

Existen varias técnicas de autosugestión, pero te compartiré tres muy sencillas que podrás empezar a aplicar. La primera consiste en concentrarte en cualquier otra cosa que no sea el dolor:

---

4 Tina Taylor, *Painless Childbirth*, Caterham, 2011.

5 Mujer que informa y brinda un acompañamiento psicológico y espiritual a la parturienta en el proceso, mostrándole técnicas de relajación que favorezcan un parto armonioso.

- Música: de preferencia busca frecuencias solfeggio[6] o música en 528 Hz,[7] que está demostrado que influyen en la respuesta autónoma del sistema nervioso, reduciendo dolor y estrés.
- Un audiolibro o pódcast de algún tema que te apasione. En verdad busca algo que te emocione y atrape tu atención.
- Un recuerdo que te genere mucha alegría, ya que esta produce bioquímicos que mitigan el dolor.
- Tu respiración: hazla pausada, inhala en cuatro tiempos, sostén el aire siete segundos y exhala en ocho.

La segunda se trata de disociarte de tu cuerpo imaginando que abandonas tu vehículo por unos minutos en lo que le hacen "servicio", mientras puedes mirar la situación desde lo alto flotando en el techo o sentado en la silla contigua. Mientras lo haces, imagínate diciéndole a tu cuerpo lo bien que está, lo relajado que se ve, lo sano que es, lo bien que está funcionando el tratamiento, tal como si fueras otra persona. Dile palabras de aliento que sepas que pueden tranquilizarlo.

La tercera técnica es seguir esta hipnosis guiada que te dejaré por aquí y que puedes escuchar primero de mi voz y después grabarla con la tuya para escucharla durante el procedimiento; junto al audio encontrarás el texto por si quieres grabarlo o aprendértelo de forma que puedas decirte a ti mismo algo similar.

6 Frecuencias sonoras específicas utilizadas en terapias de sonido y música para promover la relajación, el equilibrio y la sanación.

7 Sonya Joseph, *Sound Healing using Solfeggio Frequencies*, tesis, American College of Healthcare Sciences, 18 de junio de 2019. Disponible en: https://www.researchgate.net/publication/333852911_Sound_Healing_using_Solfeggio_Frequencies.

Autohipnosis para el dolor

Catalizador estímulo-sensorial 2: Rituales mágicos

Este segundo catalizador consiste en propiciar estímulos deliberados para generar sensaciones específicas que guíen a nuestro cerebro a obtener estados internos determinados. ¿Cómo? A través de rituales. Los rituales son secuencias de acciones, gestos, palabras o eventos simbólicos que se realizan de forma repetitiva y con un propósito específico. Estos pueden tener diversos significados y objetivos, y se encuentran presentes en diferentes aspectos de nuestra vida, como en la religión, la cultura, el deporte o incluso en nuestras rutinas diarias. Los rituales son grandes aliados de nuestra mente debido al efecto de condicionamiento o anclaje que generan. El condicionamiento es un proceso de aprendizaje en el cual se establece una asociación entre un estímulo y una respuesta. A través del condicionamiento, un estímulo neutro puede llegar a provocar una respuesta similar a la que en un principio era generada por otro estímulo.

Un ejemplo clásico de condicionamiento es el experimento del perro de Pávlov. Iván Pávlov, un fisiólogo ruso, realizó una serie de pruebas para investigar el proceso de la digestión en los perros. Durante sus experimentos Pávlov notó que los perros comenzaban a salivar no solo cuando les presentaba comida, sino también cuando percibían otros estímulos asociados a la comida, como el sonido de una campana.

En su experimento, Pávlov hizo sonar una campana justo antes de presentar la comida a los perros. Después de repetir esta asociación varias veces, los perros comenzaron a asociar el sonido de la campana con la comida. Como resultado, los perros comenzaron a salivar solo al escuchar el sonido de la campana, incluso cuando la comida no estaba presente. El sonido de la campana se convirtió en un estímulo condicionado que provocaba una respuesta condicionada (la salivación) en ausencia del estímulo original (la comida).

Este ejemplo ilustra cómo el condicionamiento puede generar una asociación entre un estímulo neutro (el sonido de la campana) y una respuesta (la salivación) a través de la repetición y la asociación con un estímulo que genera una respuesta natural (la comida). El condicionamiento puede ocurrir tanto en animales como en humanos, y es un proceso fundamental en el aprendizaje y la formación de hábitos.

Con un efecto similar, en la PNL se habla de las anclas, que se refieren a un proceso mediante el cual se asocia un estímulo específico con un estado emocional o mental particular. Estas anclas pueden ser cualquier estímulo sensorial, como un sonido, una imagen, un gesto o una sensación táctil, que se utiliza para activar y acceder a un estado emocional o mental deseado.

El concepto de anclaje se basa en la idea de que nuestras experiencias están asociadas a diferentes estímulos sensoriales y que podemos utilizar estas asociaciones para influir en nuestro estado interno. Al crear un ancla, se establece una conexión entre el estímulo y la experiencia emocional o mental.

Por ejemplo, supongamos que una persona desea acceder a un estado de confianza antes de una presentación importante. Puede crear un ancla asociando un gesto específico, como juntar los dedos pulgar e índice, con el sentimiento de confianza. Antes de la presentación, puede realizar ese gesto varias veces mientras se visualiza a sí misma sintiéndose confiada. Con el tiempo, el gesto de juntar los dedos se convierte en un ancla que puede activar la confianza cuando se utiliza durante la presentación.

Las anclas en PNL son utilizadas como herramientas para influir y cambiar estados internos, como mejorar la motivación, superar miedos o acceder a recursos emocionales positivos.

Tanto el condicionamiento como las anclas son asociaciones entre estímulos y sensaciones consistentes que generan determinados estados emocionales, y se instalan en nuestra mente a través de la repetición exacta o la intensidad que puede crear esa huella o vínculo de inmediato.

Para tener claro cómo estos fenómenos se presentan en nuestro día a día, muchas veces de manera inconsciente, pongamos algunos ejemplos:

- Una canción: si la escuchaste (estímulo auditivo) mientras experimentabas un estado de tristeza profunda por la pérdida de alguien (estado emocional), en un día común puede hacer que tu cuerpo segregue los bioquímicos de la tristeza en menor o mayor medida, alterando de inmediato tu estado de ánimo.
- Un amuleto de la suerte: si un objeto (estímulo visual o kinestésico) te lo regaló alguien querido para que tuvieras éxito, lo utilizaste y te fue bien una y otra vez, tal vez refuerces la creencia de que ese amuleto te trae beneficios y, al verlo o sentirlo, tu cuerpo genere un estado interno de seguridad y confianza (estado emocional), que se traduce en resultados favorables.
- Un sabor: si tu madre preparaba caldo de pollo (estímulo gustativo) cuando estabas enfermo y te quedabas en casa a que te apapacharan y consintieran para ayudarte a recuperar la fuerza y la salud, es posible que ahora te brinde confort cuando necesitas sentirte protegido y tranquilo (estado emocional), aun si tu mamá no está presente.
- Una fobia: ese dolor generado por una picadura de alacrán (estímulos sensoriales) que te hizo sentir miedo (estado emocional) hace que tu cuerpo genere estrés y rechazo.
- Un aroma: quizá el perfume de tu pareja (estímulo olfativo) te hace suspirar y generar las sustancias del enamoramiento (estado emocional), como la oxitocina, aun si tu pareja no está presente.

- Una postura: si para meditar colocas tu cuerpo de una manera (estímulo propioceptivo) que relacionas con una conexión espiritual, activar determinados grupos musculares en tu cuerpo te lleva de inmediato a un estado de relajación y concentración (estado mental) que asocias a esa primera experiencia.

¿Ya? ¿Queda más claro? Los seres humanos funcionamos así todo el tiempo. Ahora, cuando hablo de ritualizar, me refiero a unir distintos estímulos sensoriales, a través de un proceso fijo que se vuelve predecible, para generar un estado mental deseado. Recuerda que un estado mental incluye razón y emoción, esto quiere decir que podemos programar a nuestra mente para segregar determinadas hormonas, bioquímicos, neurotransmisores y neuromoduladores, así como alterar el funcionamiento de la energía o las ondas de nuestro cerebro para optimizar alguna función.

¿Cómo lo vamos a lograr?

Vamos por pasos:

1) Elige un estado mental que necesites y ponle un nombre para poder identificarlo. Por ejemplo: estado de relajación.

2) Elige un estímulo por cada uno de tus sentidos. Es importante que consideres que deberán ser siempre los mismos para cada estado, de forma que logres una repetición consistente y no confundir a tu cerebro. Selecciona de preferencia aquellos que por sus cualidades naturales brindan ya beneficios específicos. Por ejemplo, aprovecha los efectos de la aromaterapia o musicoterapia, usa suplementos o adaptógenos,[8] elige bebidas o alimentos según sus propiedades, etcétera.

3) Elige el orden en el que introducirás cada estímulo. También el orden deberá ser siempre igual.

8 Los adaptógenos son sustancias naturales que ayudan al cuerpo a adaptarse y resistir el estrés físico, mental y emocional, promoviendo un equilibrio y bienestar general.

4) Disponte a llevar a cabo la actividad para la cual requieres ese estado interno.

5) Repite el mismo ritual una y otra vez hasta instalarlo. Asimismo, procura que los estímulos sean tan intensos y específicos que no puedan confundirse. De preferencia hazlo durante varios días seguidos sin interrupción hasta lograr la programación. Notarás que el ancla o condicionamiento fueron instalados cuando alcanzar ese estado mental sea rápido y fácil, incluso sentirás que aparece antes de terminar con todo el ritual. Después, utilízalo cuando lo necesites.

Voy a ponerte el ejemplo del ritual que elegí para generar el estado de concentración y enfoque al que llamé *focus*, en el reto de levantarme a las 5 a.m. para escribir este libro. Primero déjame decirte que antes de instalar el anclaje me sentaba frente a la computadora, la veía fijo por algunos minutos, esperando que llegara la inspiración, me forzaba a esbozar algunas ideas mientras bostezaba durante toda la primera hora. Entrar en estado de *flow* me tomó alrededor de 40 minutos los primeros días. ¡Imposible! Pero todo cambió gracias a mi ritual mágico.

MI RITUAL MÁGICO:

Paso 1 (elige y nombra el estado mental): ***focus***

Pasos 2 y 3 (selecciona los estímulos y el orden del proceso): Me preparo una golden milk calientita (gustativo), enciendo todas las luces en mi área de trabajo ya que son las 5 a.m., y junto con ellas una vela a la que le pongo una intención, una lámpara de cuarzo y una de sal del himalaya (visuales), me siento derecha en mi silla de trabajo (propioceptivo), pongo cinco gotitas de aceite esencial de bergamota en un difusor (olfativo), enciendo una pequeña fuente pues disfruto oír el agua caer (auditivo) y escucho una lista de reproducción a la que titulé *Focus*, compuesta por frecuencias solfeggio, sonidos binaurales de 40 Hz[9] y música barroca, que promueven un estado de enfoque y creatividad. Cuando estudié el diplomado de musicoterapia aprendí que la música con altos armónicos, como la de Bach y Vivaldi, así como los cantos gregorianos, estimula las zonas del cerebro que favorecen el aprendizaje, la concentración y el pensamiento creativo. Te comparto mi lista de reproducción en Spotify y otra en YouTube para que puedas usarla.

Lista de reproducción
FOCUS

También te recomiendo mucho escuchar dos pódcast: uno del profesor de Neurociencias de la Universidad de Stanford, Andrew Huberman, en el que entrevista al doctor Noan Sobel, un especialista en el sistema olfativo, y en el que hablan sobre la manera tan impactante en que los aromas afectan directamente al cerebro y las reacciones que desencadenan; y el otro en donde el mismo Huberman explica los efectos de los sabores, aromas y químicos en nuestra mente. Dejaré estos videos, así como otros recursos de apoyo que pueden interesarte y nutrir este libro, en una lista de reproducción que creé para ti en mi canal de YouTube.

9 Se utilizan con fines terapéuticos y de estimulación cerebral. Mejoran la concentración, la claridad mental y la cognición. Promueven un estado de alerta y aumentan la productividad.

Recursos de apoyo

Finalmente, como parte de mi ritual, hago una visualización que me ayuda a mover mi energía para abrir el corazón y activar la glándula pineal, con la finalidad de poner mi proceso creativo, experiencias y talentos al servicio de los demás. La grabé para ti, puedes encontrarla aquí mismo:

Visualización FOCUS

Este ritual es solo un ejemplo de un catalizador maravilloso para disponer de estímulos conscientes, provocar sensaciones deliberadas e inducir un estado mental específico. Te recomiendo tener un ritual distinto para cada estado interno: uno para dormir, otro para hacer ejercicio, otro para estudiar o aprender algo nuevo, otro para compartir tiempo con tu pareja y crear un ambiente romántico o sensual, y otro para citas, presentaciones o negociaciones importantes. Yo cambio incluso el perfume que utilizo dependiendo de mis objetivos, no tanto para los demás, sino para prepararme a mí misma. Recuerda que las claves para que esto funcione son:

1) Mismos estímulos siempre.
2) Mismo orden en el proceso.
3) Repetición y consistencia.

Pronto verás que cuando el ancla quede instalada, te costará menos trabajo y te llevará mucho menos tiempo entrar en *flow*.[10]

Otro beneficio de los rituales es que reducen la incertidumbre que genera no poder controlar determinadas situaciones, y le brindan al cerebro la sensación de tener un cierto grado de control, por ello a este efecto se le llama control compensatorio. Un ejemplo de esto es el ritual que el afamado tenista Rafael Nadal realiza en diferentes momentos del partido para sentirse más seguro y activar estados internos que necesita para triunfar. Checa un video aquí:

Rafael Nadal

Entonces ya sabemos que los estímulos generan sensaciones, mismas que muchas veces no elegimos. Sin embargo, a través del *logos* o factor de interferencia que representa el pensamiento y atención conscientes podemos elegir muchos de los estímulos y sensaciones que experimentamos. Lo que no sabemos aún es qué sucede en nuestra mente como producto de dichas sensaciones, pero estamos a punto de descubrirlo.

10 También llamado estado de flujo, es un estado mental en el cual una persona se encuentra completamente inmersa y concentrada en una actividad, perdiendo la noción del tiempo y de sí misma. Es un estado de profunda absorción en el que se experimenta un enfoque total y un rendimiento óptimo.

Alquimia para llevar

Donde va tu atención, van tus sensaciones: intensifica su brillo o suaviza su impacto.

Los ojos son órganos de creación, no solo de visión; con ellos creas tu realidad, son la puerta de entrada a tu conciencia. La visión es la actividad esencial de la atención, las imágenes sugestionan y estimulan el pensamiento. Cuida lo que ves.

FACTOR 3 REFLEJOS

Las sensaciones pueden motivar reacciones verbales o movimientos automáticos, impulsivos e involuntarios como mecanismo de supervivencia, por ejemplo, si tocas una superficie muy caliente, la activación inmediata del sistema nervioso producirá la sensación de dolor y hará que rechaces ese objeto alejando tu mano instantáneamente de él; si escuchas un sonido demasiado fuerte te taparás los oídos para evitar que se lastimen y de inmediato voltearás a ver en dirección al ruido para averiguar si hay algo ahí que ponga tu vida en riesgo; si un sabor es muy desagradable lo escupirás en el acto, etc. Por el contrario, si el estímulo es placentero, en lugar de alejarte tu sistema nervioso buscará acercarte.

Cuando estos provienen directamente de las sensaciones les llamamos *actos reflejo*. Sin embargo, como veremos más adelante, los reflejos pueden provenir de una emoción. Por ejemplo, gritar tras un susto y saltar hacia atrás, tal vez ajustar tu postura corporal y pegar un brinco tras la sorpresa de un tropiezo, levantar las manos al enterarte de un triunfo y sentir alegría, murmurar una grosería después del enojo que produce un golpe en el dedo chiquito del pie. Cuando provienen de las emociones les llamamos *reflejos emocionales*.

Otro acto reflejo del organismo es la producción del estado de alerta o lucha-huida al que comúnmente llamamos estrés. Caray, nada más de leer su nombre nos alteramos, estamos muy predispuestos a odiarlo. Pero ¿te digo la verdad? ¡El estrés no es malo!

Se trata de una respuesta del organismo a estímulos o sensaciones que cree amenazantes o desafiantes, con la finalidad de activar todos los recursos de nuestro organismo y centrar nuestra atención en identificar y hacer frente a esa situación para preservar nuestra integridad. Produce una respuesta fisiológica y puede originar una psicológica. Quienes comandan toda esta revolución interna son la amígdala y el hipotálamo, y puesto que su trabajo es mantenernos vivos, son bien exagerados y capaces de percibir cualquier situación desconocida o cambiante como una amenaza, por lo que con facilidad nos activan este estado de alerta para que nos pongamos abusados.

La amígdala induce este estado de lucha o huida de forma tal que contemos con los recursos para congelarnos y pasar desapercibidos, pelear contra el supuesto enemigo —así sea una audiencia de 50 personas viéndote fijo en esa presentación— o salir corriendo ágil y velozmente para huir de él.

El hipotálamo hace que nuestras glándulas suprarrenales liberen adrenalina y noradrenalina, las cuales favorecen que nuestros músculos y cerebro cuenten con los recursos necesarios, como el oxígeno, para reaccionar mejor y tomar buenas decisiones. Todo esto se traduce en síntomas que podemos percibir como: sudor con frío, ráfagas de calor debido al flujo acelerado de la sangre como producto de la elevación en la frecuencia cardiaca, enrojecimiento de la piel a causa de la dilatación de los vasos sanguíneos que pretenden llevar la sangre más rápido a todo el cuerpo, respiración agitada ya que necesitamos más oxígeno para poder pensar mejor, movimientos involuntarios de piernas, pies, brazos y manos debido a la adrenalina y a la descarga extra de energía que nuestro cuerpo nos regala para poder defendernos mejor, ganas de ir al baño para... pues para reducir carga y poder huir más rápido. Y ¿quieres saber a qué se debe esa sensación de mariposas o vacío en el estómago? Tu vida no volverá a ser la misma después de que te lo revele. ¿Listo?

A ver, si según tu amígdala estás huyendo de un depredador, ¿qué crees que sea más importante para ella?, ¿que corras rápido o que digieras lo que te acabas de comer? ¡Por supuesto que la digestión pasa a segundo término! Por ello, esa sensación de constricción en la pancita se debe a que el flujo de sangre hacia el estómago se bloquea para que esta sea aprovechada por el cerebro y corazón, y el estremecimiento ocurre por la constricción de las arterias que irrigan al estómago.

Así que, por favor, si vas a someterte a una situación de estrés, come algo ligero y de preferencia una hora antes. De hecho es posible que durante dicha situación no te dé hambre y experimentes resequedad en la boca, ya que para nuestro cerebro la saliva no sería necesaria en ese momento, pues no hay nada que deglutir, más bien hay que evitar ser deglutidos.

Sin embargo, el estrés no es malo, es natural, es inevitable y es necesario. El problema es cuando se convierte en estrés crónico, que ya no es un estado fisiológico sino uno psicológico, producto de nuestros pensamientos inconscientes o diálogo interno predeterminado. Te lo explico a continuación.

A través de nuestro diálogo interno tenemos la posibilidad de convertir el estrés en amigo o enemigo. Cuando doy entrenamientos para hablar en público me resulta útil decirles a mis clientes y alumnos que imaginen a su amígdala como un niñito asustado que se despierta a las tres de la madrugada en la oscuridad de su habitación, y desde su nivel de conciencia y entendimiento, está seguro de que hay un monstruo adentro de su armario y se siente acechado. El pensamiento equivale a ese padre o madre que acude al llamado del niño despavorido, se asoma al clóset y le brinda una respuesta. Si en el momento en que percibimos las sensaciones del estrés —el llamado de la amígdala— empezamos con un diálogo interno similar a: "Ya me puse nervioso", "Qué miedo", "Me va a salir mal, no voy a poder y se van a burlar de mí", "Me van a rechazar", "No les va a gustar lo que les voy a enseñar", etcétera, sería lo equivalente a decirle a ese niño: "Uy, mi vida, ¿qué crees?, sí hay un monstruo y tiene dos cabezas, dientes afilados y te quiere comer".

Entonces el niño, desde su falta de criterio y su limitada percepción, lo da por hecho. Lo cree de inmediato, corrobora que su vida está en riesgo y exacerba la reacción de alerta, produce más estrés, más miedo. Y ese estrés potenciado y sostenido en el tiempo ante una supuesta amenaza que no se va (sea producto de la realidad o solo del pensamiento) se llama estrés crónico o distrés. Con el distrés la adrenalina y noradrenalina prevalecen en el cuerpo en lugar de reabsorberse, y el cortisol, que es una hormona o neurotransmisor que, producido de manera ordenada y en la cantidad adecuada, ayuda para muchísimas funciones de reparación, concentración, memoria y desinflamación del cuerpo. Sin embargo, cuando lo producimos en exceso como en el caso del distrés, hace todo lo contrario: ocasiona inflamación, reduce el tamaño del hipotálamo, encargado de la memoria, genera problemas gastrointestinales y disfunciones en el sistema cardiovascular, afectando al corazón y al sueño, así como confusión mental y ¡hasta sobrepeso! Porque el distrés es equivalente a que nuestro cuerpo se mantenga en estado crónico de lucha o huida, y eso altera el mecanismo y función equilibrada de nuestros órganos. Entonces el malo del cuento no es el estrés, sino el distrés, que es producto de pensamientos inconscientes o incorrectos.

Pero si, por el contrario, le contamos a nuestro cerebro la historia adecuada, y le decimos cosas como: "Estoy seguro en todo momento", "Estoy preparado", "Soy la mejor", "Domino este tema", "Estoy lista", "Todo va a ser perfecto salga como salga", "Tengo la capacidad de transformar cada situación", "Esto es bueno para mí", etc., entonces tranquilizamos a ese niño pequeño que estaba aterrado para que automáticamente deje de producir esa revolución en nuestro cuerpo y así podamos sentirnos tranquilos.

Ah, pero hay una tercera opción que pocos conocen o consideran. Aquí te va.

Consiste en lo equivalente a que ese padre o madre (pensamiento), al acudir al llamado del niño y abrir el armario, le diga: "¡Mi vida, no solo no hay un monstruo, es un unicornio de colores que trae regalos para ti y viene a invitarte a dar un viaje volando por las nubes y las estrellas!". Entonces el niño (suponiendo que le gustan los unicornios) no solo se tranquiliza, sino que se entusiasma muchísimo, se alegra, se para de un brinco y corre al encuentro del unicornio más maravilloso del universo.

Es algo similar a lo que sientes cuando estás realizando actividades que disfrutas y te encantan: algún deporte extremo, aventarte del paracaídas, subirte a un juego mecánico, etc. Cada uno identificará aquello que le acelera el corazón y lo llena de adrenalina como producto del estrés que genera, pero que, al estar asociado con algo positivo, el diálogo interno relaciona con sensaciones de diversión, alegría, entusiasmo y anhelo. Entonces en lugar de un exceso de cortisol el cerebro produce las sustancias vinculadas con la alegría y la plenitud, como la dopamina, la serotonina, la oxitocina y las endorfinas. El estrés se transforma en una versión positiva y agradable que se llama eustrés. Y esta es la razón por la que determinadas aventuras o situaciones que para algunas personas pueden parecer terroríficas o amenazantes, para otras resultan divertidas y emocionantes.

¿Ya te fijaste cuál fue el factor que convirtió aquel estrés natural, neutral y fisiológico en distrés o en eustrés? El pensamiento. Sí, tu diálogo interno. Por eso recuerda que las historias que te cuentas importan. Ya lo conoceremos más a fondo cuando lleguemos al quinto factor: el diálogo interno predeterminado.

Preguntas de interferencia del estrés

La próxima vez que identifiques los signos del estrés en tu cuerpo, invoca al *logos* preguntándote: "¿Qué historia voy a contarle en este momento a mi amígdala sobre la situación que estoy viviendo?". "¿Quiero que crea que sí estamos siendo depredados y nuestra vida está en peligro? ¿Quiero que simplemente se tranquilice y se relaje, o quiero que se entusiasme y crea que esto que enfrento es algo emocionante y positivo para nosotros?".

Catalizadores para eliminar el estrés

Respiración pranayama. El pranayama es una práctica de respiración que se originó en la antigua tradición del yoga en la India. En sánscrito, *prana* significa "energía vital" y *yama* se refiere a "control" o "regulación". Por lo tanto, el pranayama se centra en controlar y dirigir conscientemente la energía vital a través de la respiración.

La respiración pranayama implica técnicas específicas de respiración que pueden tener un impacto positivo en nuestra mente y cuerpo. Una de las técnicas más comunes es la respiración abdominal profunda, donde se inhala profundamente por la nariz, expandiendo el abdomen, y se exhala despacio por la boca o la nariz.

Es un gran catalizador para eliminar el estrés ya que ayuda a calmar el sistema nervioso, reduciendo la respuesta de la amígdala y promoviendo la relajación. Al respirar de manera lenta y profunda enviamos señales al cerebro de que todo está bien y de que no hay necesidad de estar en estado de alerta constante.

Además, el pranayama puede aumentar la oxigenación del cuerpo, lo que ayuda a mejorar la claridad mental y a reducir la ansiedad. Al tomar respiraciones más largas y profundas estamos permitiendo que más oxígeno llegue a los órganos y tejidos, lo que nutre y revitaliza nuestro sistema.

La práctica regular de pranayama también puede ayudarnos a aumentar la conciencia del momento presente, ya que nos enfocamos en la respiración y en las sensaciones que acompañan a cada inhalación y exhalación. Esto nos ayuda a ser más conscientes de nuestros pensamientos y emociones, y a cultivar la calma y la serenidad interior.

En este código QR encontrarás un tutorial sobre un método de respiración pranayama al que llamo respiración 4 × 4.

Respiración 4x4

Earthing: también conocido como *grounding*, este nombre tan sofisticado se refiere sencillamente a hacer tierra o estar en contacto con la naturaleza para recibir sus beneficios terapéuticos. La idea es restablecer el contacto con la energía de la tierra para equilibrar nuestro propio sistema energético.

Aquí te mencionaré algunas técnicas de *earthing* que puedes utilizar:

- **Caminar descalzo:** una de las formas más simples es caminar descalzo sobre la tierra, la arena de la playa, la hierba o incluso sobre una superficie de tierra suave. Esto permite que nuestros pies estén en contacto directo con la tierra y nos ayuda a absorber su energía.
- **Contacto con la naturaleza:** pasar tiempo al aire libre, ya sea sentado, acostado o caminando en entornos naturales, como parques o bosques, también nos permite

conectarnos con la tierra. Podemos sentarnos bajo un árbol, abrazar un tronco o simplemente recostarnos sobre el césped.

- **Uso de dispositivos de *earthing*:** existen dispositivos diseñados específicamente para facilitar la práctica del *earthing* en interiores, como mantas o sábanas conductoras que se conectan a la tierra a través de los contactos de la luz en los que conectas tus aparatos eléctricos. Estos permiten que recibamos los beneficios del *earthing* mientras dormimos o descansamos. Yo tengo un tapete que conecto y pongo debajo del teclado de mi computadora y de mi ratón, para recargar las manos ahí mientras trabajo y estar haciendo *grounding*. También lo puedes poner en el piso para descansar tus pies descalzos mientras trabajas.
- **Lámparas rosadas de sal del himalaya o de cuarzo:** puedes encontrarlas fácilmente en tiendas en línea y son una excelente opción para sanar la energía del ambiente en tu habitación u oficina, y contrarrestar con su emanación de iones negativos el desbalance energético que produce el electromagnetismo de los aparatos eléctricos, como televisores, computadoras, etcétera.

Hormonas del bienestar: las endorfinas, serotonina, oxitocina y dopamina son bioquímicos, es decir, sustancias químicas producidas por el cerebro que actúan como mensajeros para transmitir señales entre las células nerviosas. Son conocidas como "hormonas del bienestar" debido a su capacidad para generar sensaciones de placer, paz y tranquilidad.

Pueden contribuir a reducir el estrés de varios modos: alivian el dolor por sus propiedades analgésicas naturales, mejoran el estado de ánimo y reducen la ansiedad. Hay diversas formas de estimular la liberación de estas hormonas, como la práctica regular de ejercicio físico, la risa, el contacto social positivo, la meditación y la práctica de actividades placenteras. Sin embargo, la Pasiflora Orgánica es el nombre que le puse a un método de tres pasos muy sencillos que te permitirá acceder a estados de relajación de manera natural y te explicaré a continuación:

1) Las palmas de las manos y las plantas de los pies son partes del cuerpo a través de las cuales entra y sale la energía. Cuando experimentamos estrés y aparece una descarga de adrenalina y noradrenalina en nuestro cuerpo, junto con ellas se presenta una descarga extra de energía que se va directo a nuestras extremidades para permitirnos luchar o huir; el objetivo es liberar este exceso de energía para recuperar el equilibrio y sentirnos más tranquilos. El primer paso consiste en sacudir las manos con fuerza hacia el piso, esperando dos segundos entre cada sacudida, para permitir que esa energía fluya a través de las palmas. Al hacerlo, de inmediato sentirás un cosquilleo en las palmas de las manos como signo de que la energía se está moviendo. Hazlo tres veces y haz una pausa, ¿cómo te sientes?, ¿necesitas más? Hazlo estando consciente para evitar liberar de más y sentirte desguanzado.

2) El segundo paso consiste en hacer lo mismo con tus pies. De preferencia quítate los zapatos para evitar que las suelas aíslen el flujo de la energía si son de plástico o de caucho, y sacude las piernas hacia abajo una por una como si estuvieras sacudiendo agua. Haz los movimientos con fuerza pero lentamente, pues los movimientos acelerados producirán más energía.

3) El tercer paso es muy sencillo y curioso: bosteza. No importa si el bostezo es o no real, empieza fingiéndolo y acabarás por provocar uno real. La razón es interesantísima: al bostezar estimulas el nervio vago que cuando funciona correctamente ayuda a mantener el estrés bajo control, liberando endorfinas y otras hormonas, como la oxitocina y la serotonina, que te harán sentir más relajado. Así que, a partir de ahora, ¡convierte los bostezos en tus aliados cada vez que lo necesites!

Detox 360: ¿Te pasa que cuando escuchas la palabra *detox* piensas en una dieta a base de caldos o jugos para desintoxicar el cuerpo? Bueno, pues este detox no va por ahí, se trata más bien de una técnica de vida que le permite a nuestra mente balancear el estrés para evitar que se convierta en estrés crónico o distrés.

Primero debemos entender que nuestro cuerpo y nuestra mente están diseñados para procesar con gran efectividad cierta cantidad de estresores. Sin embargo, si los estresores se acumulan, la energía que el cuerpo y la mente tienen designada para ello se agota y los daños se vuelven inminentes. El detox 360 se trata de no sobresaturarnos de estresores y entender que el estrés no es malo si se equilibra a través de un periodo de relajación que le dé chance a nuestra maquinaria de procesar, mitigar el fuego e integrar los estresores para promover la adaptación y evolución que no suceden durante el periodo de estrés, sino del de la relajación subsecuente.

¿Qué estresores existen?

Físicos:

- Nuestra predisposición genética
- Alimentos
- Ejercicio (sí, es un estrés conveniente, pero estrés al final de cuentas)
- Enfermedades
- Medicamentos
- Hormonas
- Químicos contaminantes en ropa, productos de limpieza, aire, agua, productos de higiene personal, materiales de construcción y decoración
- Radiación electromagnética

Mentales:

- Estímulos y sensaciones nuevas
- Emociones
- Pensamientos
- Paranoia
- Relaciones tóxicas

Entendiendo esto, podemos elegir deliberadamente nuestros estresores de forma tal que si, por ejemplo, estoy enfermo y encima de ello estoy tomando medicamentos que estresan a mi hígado, estómago, intestino y riñones, pues elegiré no consumir alimentos grasosos o irritantes que representen un estresor adicional. Tampoco haré ejercicio muy intenso esos días y eligiré una caminata tranquila. Así le permito a mi cuerpo usar su energía para lidiar con los anteriores. Si estoy en un momento de mucho estrés mental por problemas en mi trabajo, entonces no veo programas de TV que agreguen estrés a la ecuación. Si vivo en una ciudad muy contaminada, entonces elijo productos de higiene personal y limpieza libres de tóxicos. Si estoy atravesando por un proceso emocional intenso, entonces no me agredo con sustancias tóxicas, como alcohol o drogas, que no le permitan a mi mente recuperar el equilibrio, etcétera.

Así que, en resumen, existen actos reflejos que se desatan con los estímulos y sensaciones, uno de ellos es el de lucha o huida, al cual llamamos estrés. El estrés es útil para mantenernos alertas en situaciones desconocidas o de riesgo, así como para activar un mecanismo en el cuerpo que le permita solucionar el caos y recuperar el equilibrio, sin embargo, el exceso de estrés, llamado crónico o distrés, genera el efecto contrario.

¿Y qué pasa cuando las sensaciones que sentimos, además de actos reflejo, producen emociones? Vamos al cuarto factor.

FACTOR 4 EMOCIONES

Las sensaciones también pueden activar una especie de sistema integrador en nuestro cerebro que se llama sistema límbico y que se encarga de recopilarlas y, a partir de ahí, generar una respuesta emocional que es fisiológica e involuntaria. Se trata de un coctel de bioquímicos y descargas nerviosas bruscas que generan una excitación en el sistema nervioso. Etimológicamente, toda emoción es energía en movimiento o energía que induce el movimiento, que remueve, que conmueve. Y esta energía estresa al organismo, pues lo saca de su estado de homeostasis o equilibrio. Sin embargo, estas descargas energéticas conformadas también por una parte química —neurotransmisores y hormonas como la dopamina, serotonina y adrenalina—, a las cuales llamamos estados emocionales, duran unos segundos y después se autolimitan y reabsorben. Cuando los estados emocionales se prolongan, quizá por la presencia constante de determinados estímulos y sensaciones, se convierten en estados de ánimo de los cuales nos volvemos cautivos si no hacemos conciencia de qué los está desencadenando.

Las emociones son respuestas complejas que experimentamos en nuestro ser, tanto en un nivel neurológico como psicológico. El nivel neurológico se enfoca en los procesos biológicos del sistema nervioso, mientras que el nivel psicológico se centra en los procesos mentales y la experiencia subjetiva.

En un nivel neurológico, las emociones están asociadas con la actividad de diferentes regiones y sistemas cerebrales. El sistema límbico, que incluye estructuras como el hipotálamo, la amígdala y el hipocampo, desempeña un papel crucial en el procesamiento y la regulación emocional. Estas estructuras interactúan con otras áreas cerebrales, como la corteza prefrontal, que está involucrada en la regulación emocional, la toma de decisiones y el control ejecutivo, la cual entrará en juego más adelante a través del pensamiento.

En pocas palabras, las emociones tienen un componente químico y otro psicológico. Durante este cuarto factor nos enfocaremos en la versión fisiológica y química de las emociones básicas o primarias, que aparecen de manera reactiva; más adelante exploraremos su parte psicológica y racional, esas emociones secundarias o complejas que aparecen como respuesta a nuestra evaluación cognitiva y a las cuales llamaremos sentimientos. Si te fijas de nuevo en el cuadro del Proceso de Manifestación de Realidades, notarás que las emociones aparecen primero de manera involuntaria y, después de un proceso de percepción e interpretación subjetiva, aparecen los sentimientos, que corresponden a la versión psicológica de las emociones.

¿Cuáles son las emociones primarias? A pesar de que el universo de emociones es inmenso, las emociones básicas son consideradas respuestas neurofisiológicas primarias y universales. Es decir, las experimentamos de forma muy similar en todas las culturas y lugares del mundo. A lo largo de mi camino en el estudio de las emociones he descubierto diferentes perspectivas y teorías en psicología sobre las emociones básicas o primarias. A continuación mencionaré algunas:

1) Teoría de las emociones básicas de Paul Ekman: Ekman identificó seis emociones básicas universales: alegría, tristeza, miedo, ira, sorpresa y aversión o asco.
2) Teoría de las emociones básicas de Robert Plutchik: Plutchik propuso un modelo de rueda emocional que incluye ocho emociones básicas: alegría, tristeza, miedo, ira, anticipación, sorpresa, aversión y confianza.
3) Teoría de las emociones básicas de Carroll Izard: Izard identificó 10 emociones básicas: alegría, interés, sorpresa, tristeza, ira, desprecio, repugnancia, miedo, vergüenza y culpa.

4) El reconocido autor Daniel Goleman, en su libro *Inteligencia emocional*, se basa en la teoría de las emociones básicas de Paul Ekman. Según Goleman, las emociones básicas son: alegría, tristeza, miedo, ira y asco (sacando a la sorpresa de la ecuación).

Es importante destacar que no existe un consenso definitivo sobre qué emociones son consideradas básicas o primarias. Estas teorías proporcionan diferentes enfoques y perspectivas sobre las emociones humanas, pero la investigación y el debate en este campo aún continúan. Así que como ellos no logran ponerse de acuerdo, trabajaremos con la teoría de las emociones básicas de la Jean, ya que el objetivo de este libro no es entrar en debate, sino simplemente ayudarnos a comprender cómo funcionamos para poder tomar mejores decisiones.

Primero tengamos en cuenta que para que una emoción se considere primaria debe tener unas bases biológicas fundamentales,[11] es decir, debe provenir de:

- ✦ Una vía neuronal límbica: una red de conexiones entre diferentes estructuras cerebrales que desempeñan un papel fundamental en la regulación de las emociones y la formación de memorias emocionales.
- ✦ Un origen y una función evolutivos: ayudarnos a adaptarnos y preservar nuestra existencia en distintos contextos, con nuevos requerimientos.
- ✦ Un patrón de descarga neuronal: se refiere a la secuencia específica de actividad eléctrica que ocurre en las células nerviosas del cerebro, lo cual puede transmitir información y facilitar la comunicación entre diferentes regiones cerebrales.
- ✦ Una expresión facial: se refiere a los movimientos y configuraciones de los músculos del rostro que reflejan las emociones y los estados internos de una persona.

11 https://www.tdx.cat/bitstream/handle/10803/6826/09CAPITULO2.pdf.

- Un patrón de *feedback* facial: es la interacción entre la expresión facial de una persona y cómo esa expresión influye en sus propias emociones y en la percepción de los demás.

Por esta razón me apoyaré principalmente en Paul Ekman, un reconocido psicólogo y científico que ha hecho importantes contribuciones en el campo de la psicología de las emociones y la expresión facial. Se le considera uno de los pioneros en el estudio de las emociones y la comunicación no verbal.

Ekman demostró que existen seis emociones que son reconocibles y expresadas a nivel facial de manera similar en diferentes culturas alrededor del mundo. A partir de este hallazgo desarrolló el Sistema de Codificación de Acciones Faciales (FACS, por sus siglas en inglés), un método para analizar y clasificar las expresiones faciales en términos de movimientos musculares específicos.

Estas emociones son la alegría, la tristeza, el miedo, la ira, el asco y la sorpresa. De ahi que él las identifique como primarias.

Su investigación ha tenido un impacto significativo en el campo de la psicología, la comunicación y la comprensión de las emociones humanas. Sus descubrimientos han sido ampliamente utilizados en áreas como la psicología clínica, la psicología forense y la inteligencia artificial.

Sin embargo, cuando estudié la certificación en conducta y comportamiento no verbal aprendí que existen dos tipos de asco, aquel que nos produce rechazo a alguna cosa y, por otro lado, el que generamos ante una persona o circunstancia, a la que llamamos desprecio, que es el asco social, por lo que podríamos dividirlo en dos y sumar el desprecio como una séptima emoción básica, que incluso se expresa diferente en el rostro, pues activa unidades musculares distintas. Observa la diferencia entre estas ilustraciones:

ASCO

DESPRECIO

Por otra parte, varios psicólogos y neurocientíficos como Robert Plutchik, Barbara Fredrickson, Jaak Panksepp y Silvan Tomkins consideran que el amor es una emoción primaria. Y coincido con ellos, el amor puede experimentarse como emoción, pero también como un pensamiento, sentimiento o estado mental; ya hablaremos de ello más adelante. Aunque en psicología le llaman afecto al conjunto de fenómenos afectivos y no utilizan ese término para referirse a una emoción específica, en este libro utilizaremos el término *afecto* para referirnos a la versión primaria o emocional del amor.

Incluiré a la culpa en su faceta más simple pues, aunque no se trata de una emoción básica sino aprendida, se ha ganado un lugar en esta lista, ya que a pesar de que los animales no pueden experimentarla, es común en los seres humanos desde temprana edad, y debemos aprender a mirarla, reconocerla y manejarla para que no nos pase factura.

Es importante mencionar que no existen emociones buenas ni malas, contrario a lo que muchas veces escuchamos o pensamos, pues aunque algunas son más agradables que otras, todas son necesarias y cumplen funciones adaptativas permitiéndonos responder de manera apropiada a situaciones y desafíos en nuestro entorno. El doctor Rafael Bisquerra, reconocido internacionalmente por sus aportaciones al campo de las emociones, las divide en positivas (aquellas con las que hay presencia de bienestar al experimentarlas) o negativas (aquellas que se caracterizan por la ausencia de bienestar en el momento). Las emociones forman parte también de nuestra comunicación interna o intrapersonal, son la manera en la que el cuerpo nos comunica algo sobre el exterior o sobre nosotros mismos, para que pongamos atención y tomemos decisiones. Por eso, en lugar de intentar controlarlas, resulta más conveniente conocerlas, honrarlas y aprender a escucharlas para poder aprovecharlas. Recuerda que una comunicación intrapersonal asertiva —el objetivo de este libro— empieza por saber escucharnos.

¿Te parece bien si empezamos por conocerlas? Así podremos escucharlas sin juicio y abrazar el mensaje que nos traen para poder convertirlas en aliadas. Te hablaré de ellas en el idioma más humanamente comprensible que me sea posible. No es que los científicos no sean humanos, jeje, pero el objetivo es entender fácil y rápido, ¿de acuerdo?

Alegría

Esta es una de las más cotizadas, aquella a la que aspiramos y que solemos confundir con felicidad, aunque en realidad no sean lo mismo, porque la alegría es una reacción emocional y, como lo explico en mi audiolibro *Feliz, ¿como lombriz?: la magia de convertir la mierda en abono*, la felicidad no es una emoción, sino una decisión que tomamos deliberadamente, una filosofía de vida, un estado mental que elegimos aun cuando experimentamos otras emociones. Podemos ser felices aunque estemos experimentando tristeza, incertidumbre, etc. La felicidad es algo que somos, no algo que sentimos. Sin embargo, la alegría nos pone en contacto con la felicidad, nos ayuda a experimentarla fisiológica y psicológicamente. Una persona que rara vez siente alegría difícilmente podrá creerse que es feliz.

La función universal de la alegría es promover un estado emocional positivo y satisfactorio. Tiene varias funciones importantes:

1) Bienestar y disfrute: nos brinda una sensación de bienestar emocional y satisfacción al experimentar momentos de placer y gozo en nuestra vida. Nos genera una memoria que nos motiva a buscar actividades y situaciones que promuevan la producción de esta emoción, pues el cerebro asume que aquello que es agradable y nos hace sentir placer es bueno para nosotros, aunque en algunos casos no sea así. Por ello, la alegría no es siempre una buena consejera, ya que cuando experimentamos algo agradable y nos hace sentir bien, la alegría aparece junto con un neuromodulador llamado dopamina, cuya función (una de tantas) es fungir como una especie de pegamento que permita al cerebro asociar ese estado interno con aquel estímulo que lo produjo, para ponernos en la búsqueda constante de propiciarlo de nuevo. Así se forman las adicciones. Así que cuidado con aquello que tu mente asocia como algo "bueno" solo porque te produce alegría.

2) Vínculos sociales y conexión: la alegría facilita la formación y el mantenimiento de vínculos sociales. Compartir momentos de alegría con otras personas fortalece los lazos emocionales y promueve la cohesión social. Puesto que estar alegres es algo a lo que aspiramos y nuestra mente sabe que las emociones se contagian, las personas alegres nos parecen atractivas, se convierten en imanes con los que queremos estar.

3) Resiliencia emocional: La alegría puede actuar como un recurso emocional que nos ayuda a enfrentar y superar situaciones complicadas. Puede servir como un contrapunto a las emociones difíciles, como el estrés, la tristeza o la ansiedad, y contribuir a nuestra capacidad de adaptación y resiliencia. Ahora ya sé por qué en momentos de tensión, incluidos los velorios, me dan ataques de risa y se apodera de mí el payaso. También sé por qué mi instinto me ha llevado durante años a usar el humor para pedir las cosas y conquistar voluntades, abrir canales de comunicación en mis cursos y conferencias y promover ambientes positivos y proactivos en las reuniones de trabajo. Soy la típica que rompe la tensión con alguna broma, ¡no puedo evitarlo!

4) Motivación y exploración: la alegría puede actuar como un incentivo para buscar nuevas experiencias, explorar el entorno y perseguir metas. Nos impulsa a participar en actividades gratificantes y nos proporciona energía y entusiasmo para enfrentar desafíos.

5) Adicionalmente, la alegría puede disminuir el dolor debido a la liberación de sustancias químicas en el cerebro, como las endorfinas, que actúan como un analgésico natural. Además, al desviar la atención del dolor promueve la relajación y puede influir en la forma en que se percibe este, generando una sensación de alivio. Sin embargo, es importante tener en cuenta que la alegría no elimina la causa del dolor, solo funciona como analgésico.

Existe una versión distorsionada de la alegría que se llama *Schadenfreude*, la descubrí en una conversación con el doctor Bisquerra durante uno de sus talleres. El nombre viene del alemán *Schaden* (daño) y *Freude* (alegría). Es decir, experimentar alegría cuando alguien más sufre un daño. Aunque suena oscuro, es más común de lo que pensamos. ¿Alguna vez te has reído de una persona o animal que sufre un accidente? ¿Te has alegrado de que a alguien que te caía mal le fuera mal o no consiguiera un resultado esperado? Bueno, pues ya sabes de qué se trata.

Preguntas de interferencia de la alegría

Cuando estés experimentando alegría, hazte las siguientes preguntas e interpreta el mensaje que esta emoción tiene para ti.

¿Qué función tiene esto que me está produciendo alegría?

a) Mitigar el dolor físico o emocional desviando mi atención o funcionando como una válvula de escape.

b) Fortalecer una relación.
c) Motivarme a aprender o hacer algo que, consciente o inconscientemente, deseo.
d) La de goce y disfrute.

Esto que me produce alegría, ¿me acerca o me aleja de mis objetivos?

Catalizador "una pequeña mentira"

Saber producir alegría de manera voluntaria nos puede ayudar a mitigar otras emociones que no nos permitan pensar con claridad, por ejemplo, la tristeza, la preocupación o el enojo, ya que aunque no soluciona los problemas de fondo, puede ayudarnos a tener un mejor *mindset* para abordarlos desde otro lugar; también nos ayuda a contrarrestar estados de ánimo que nos estorben para sobrellevar situaciones en las que necesitamos proyectar entusiasmo, por ejemplo, una presentación de trabajo o una cita importante. Como dicen en el mundo del espectáculo: "El show debe continuar", y esto hace referencia a que un artista que ama y respeta a su público sabe que debe ofrecer una buena función, a pesar de la situación personal o emocional que esté atravesando en el momento. Por eso este catalizador te ayudará a engañar a tu mente un rato para propiciar la alegría.

Vamos a contarle a nuestro cerebro una pequeña mentira, puede ser la que tú quieras.

Por ejemplo, una forma que me encanta practicar con mis alumnos en los cursos, porque gozo ver cómo les da miedo y vergüenza hacer el ridículo frente a los demás (caray, me confieso, me da una especie de *Schadenfreude*), consiste en contarnos una mentira sobre algo que acaba de suceder y actuarlo. Si no hay nadie a tu alrededor hazlo ahora, anda, te prometo que lo vas a disfrutar y de paso descubrir un superpoder. Esforzarte y salir de tu zona de miedo o confort en este momento será un enorme regalo que te darás a ti mismo.

Aquí va:

1) Toma tu celular, llévalo a tu oreja y responde a una llamada ficticia.
2) Imagina que en esa llamada te dan la noticia más emocionante de tu vida, algo que llevas meses o años esperando, tu sueño guajiro.
3) Reacciona con sorpresa (fingir la sorpresa genera un grado de adrenalina que potenciará la siguiente respuesta emocional). Respóndeles con tu voz, agradece y cuelga la llamada.
4) Celebra. Pero celebra con enjundia y entusiasmo. Sonríe de manera intensa, grita, levanta los brazos al aire, golpea el aire, brinca de alegría, haz lo que te nazca o lo que crees que harías en una situación similar.
5) Listo. ¿Cómo te sientes?

¡Magia! Bueno, no, *alquimia*. Al activar esos movimientos, posturas, gestos y sensaciones acabas de modificar tu química interna. "¿Cómo puede ser esto, Pam?". Recuerda: tu cerebro está escondido adentro de tu cráneo, no tiene criterio ni manera de juzgar si la historia que le cuentas es real o no, él responde a los estímulos que le mandas. Asimismo, está comprobado científicamente que la activación de determinados grupos musculares en el cuerpo y en la cara envían estímulos y señales al cerebro que lo incitan a producir determinadas emociones asociadas a esas activaciones de manera real.

¿Has visto algún reportaje de Tony Robbins? Si lo haces, descubrirás que antes de salir al escenario él salta en un brincolín pequeño que lleva consigo por doquier. Saltar activa su frecuencia cardiaca y esto, junto con sus pensamientos, afirmaciones, sonrisa, etc., son suficientes estímulos para engañar a su mente y producir eustrés y una forma de alegría que se llama pasión o entusiasmo. Después entra al escenario proyectando esa alegría, mientras mira y sonríe a las personas de su audiencia, al tiempo que les pone música y las invita a bailar con él para propiciar la misma reacción emocional en ellas. Recuerda, las emociones no solo se proyectan, también se contagian. ¿Qué emociones quieres contagiar en esa próxima cita?

Empieza por ti.

No necesitas llevar un trampolín contigo a esa presentación o reunión de negocios, porque hay una versión más sencilla de esta activación a la que llamo Cafeína Orgánica. Curioso nombre, ¿cierto? Le puse así porque es una manera de producir en tu cuerpo los efectos que tendrían altas dosis de cafeína, pero en lugar de obtenerla de manera exógena, a través de tres litros de café, lo harás de manera endógena, y a esa cafeína que produce nuestro cuerpo se le llama: adrenalina o epinefrina. Voy a permitirme poner un video que grabé para *La magia de la persuasión*, en donde también comparto este recurso, para que puedas verlo e implementarlo:

Cafeína orgánica

Alquimia para llevar

En resumen, la función universal de la alegría es promover emociones positivas, fortalecer los vínculos sociales, fomentar la resiliencia emocional y motivarnos en la búsqueda de bienestar y satisfacción en nuestra vida.

La alegría es contagiosa y, al compartirla, se multiplica.

Tristeza

A todos nos ha venido a visitar, con la pérdida de un ser querido, de la salud, de un trabajo, de un sueño, de una relación, de un objeto valioso, etc. Sentimos un desguance profundo en el cuerpo, nos falta energía, nuestros músculos pesan más que el plomo, no tenemos ánimo ni ganas de hacer nada, solo podemos dormir, cavilar o llorar. La tristeza puede incluso generarnos dolor físico en la zona del pecho, eso a lo que llamamos "corazón roto", y pareciera que una mano presionara con fuerza nuestra garganta haciendo difícil pasar saliva, hablar e incluso respirar.

Probablemente estarás preguntándote por qué cuando estamos tristes nos duele el pecho, y la respuesta es que el estrés producido por la tristeza puede desencadenar un síndrome cardiaco. Fue en 1991 cuando cardiólogos de Hiroshima, en Japón, alertaron de una cardiopatía que se manifestaba sobre todo en mujeres.[12] La llamaron síndrome del corazón roto y consiste en una disfunción ventricular izquierda (temporal) ocasionada por el estrés emocional. Es reversible, pero caray, vaya que es dolorosa, yo misma la he sentido.

Los desencadenantes naturales de la tristeza son la pérdida irreversible, la separación física o psíquica, el fracaso y la decepción. Más recientemente se han descubierto otros desencadenantes, por ejemplo la ausencia de actividades reforzadoras e incentivantes, como puede ocurrir en un trabajo rutinario y aburrido en el que no se experimentan en ningún momento ni el placer ni la alegría ni la adrenalina. Asimismo, experimentar dolor de forma prolongada, tal vez por una causa fisiológica o una enfermedad, puede desencadenar tristeza.

Las alteraciones fisiológicas de la tristeza afectan, sobre todo, al sistema nervioso autónomo, provocando una disminución general de la energía vital que, como consecuencia, puede debilitar nuestro sistema inmunológico. Pero ¿para qué

12 National Library of Medicine. Disponible en: https://www.ncbi.nlm.nih.gov/pmc/articles/PMC1995104/.

querrá la tristeza disminuir nuestra energía en un nivel general? Además de sentirse feíto, ¿tendrá alguna función?

Algunas de las funciones universales de la tristeza son:

1) Procesamiento emocional: la tristeza nos permite procesar y reflexionar sobre eventos dolorosos o pérdidas significativas en nuestra vida. Nos ayuda a hacer frente a situaciones difíciles y a adaptarnos emocionalmente a cambios negativos.

2) Conexión social y empatía: La tristeza puede actuar como una señal para los demás de que necesitamos apoyo y consuelo. Nos conecta con la humildad y nos hace abrirnos a pedir ayuda, lo cual puede resultar muy difícil para muchas personas que estamos más acostumbradas a dar que a recibir, cuando recibir es un acto de amor que enriquece tanto al que toma como al que da, y puede fortalecer nuestros lazos sociales. Piensa en la última vez que te sentiste triste y pediste ayuda, te dejaste apapachar. ¿Esa situación fortaleció tu relación con quien te acompañó en tu tristeza y te brindó ayuda? Sí, ¿verdad?

Por el otro lado, percibir la tristeza de alguien más nos incita a bajar la guardia y empatizar, de manera que podamos acercarnos a esa persona y nos abramos a escuchar y darle lo que necesita. Por ejemplo, los bebés lloran para pedir leche, comida, regulación térmica, atención, etc. De ahí también que muchas mujeres tengamos tendencia a llorar en medio de una discusión con nuestras parejas. No lo hacemos a propósito (al menos no la mayoría), sino que es un mecanismo que nuestro cuerpo genera para incentivar al otro a ablandarse y experimentar la compasión.

3) Autorreflexión y aprendizaje: la tristeza nos invita a crear un espacio para reflexionar sobre nuestras experiencias y aprender de ellas. Nos ayuda a evaluar nuestras necesidades, valores y metas, y puede motivarnos a realizar cambios en nuestra vida. Por ejemplo, sentir tristeza después de una decepción laboral puede llevarnos a reconsiderar nuestras metas profesionales y a buscar nuevas oportunidades.

4) Renovación emocional: la tristeza puede ayudar a liberar emociones acumuladas y a restablecer el equilibrio emocional. Nos permite expresar nuestro dolor y procesar nuestras emociones de una manera saludable. Por ejemplo, llorar o permitirnos sentir tristeza después de una experiencia estresante puede aliviar la tensión emocional y ayudar a recuperarnos.

Aunque la tristeza duele, es un gran regalo si sabemos escucharla, pues en muchos sentidos nos invita a hacer una pausa, a guardar silencio y mirar hacia adentro. Ella sabe que el silencio contiene todos los secretos, las pausas todo el potencial y el vacío todas las posibilidades.

Preguntas de interferencia de la tristeza

¿Podríamos sentirnos agradecidos por esa tristeza?

La próxima vez que la tristeza llegue a tu vida, en lugar de intentar acallarla y huir de ella porque es dolorosa, pregúntate: si la tristeza es una expresión de amor, ¿qué está intentando decirme el amor en este momento? ¿Cómo puedo intencionar esta tristeza para agradecer y honrar la riqueza que me aportó aquella situación, objeto o ser que ya no está? Hacerla significativa es un gran recurso que nos permite afrontarla sin tanto dolor.

Desde muy pequeña he tenido que despedir a muchos seres queridos que han dejado su cuerpo para cruzar a otra dimensión, y con frecuencia me sucedía que cuando habitaban mi mente, me dolía el alma al pensar que jamás volvería a verlos, escucharlos, abrazarlos o experimentar alguna de las particularidades que cada uno de ellos aportaba a mi vida en forma de gestos amorosos o experiencias. Por ejemplo, si pensaba en mi abuelita Angelina sentía tristeza de que jamás volveríamos a hacer juntas caminatas al atardecer en la playa de Acapulco; al pensar en mi abuelita Ma sentía mucho dolor, me daba cuenta de que ya no atravesaría la puerta de mi casa una vez a la semana para compartir alimentos y alguna de sus historias maravillosas. Cuando entendí que la tristeza es una expresión de amor, me propuse poner atención a mi diálogo interno y cambiar el enfoque. Ahora cuando experimento melancolía al recordarlas, fuerzo una sonrisa y les digo: "Gracias por haberme regalado esas maravillosas caminatas por la playa, jamás las olvidaré", "Gracias por el gozo de tu presencia en mi vida y por las historias que ahora forman parte de mi memoria", "Hoy, en señal de gratitud, te dedico este suspiro, estas lágrimas de amor que surgen mientras escribo esto y mi esfuerzo por volver a levantarme mañana a las 5 a.m.".

Catalizador "una cita con mi tristeza"

Puesto que la tristeza tiene una función útil, aunque es dolorosa, debemos aprovecharla en lugar de huir de ella y asimilar sus beneficios. No se trata de ser fuertes y evadirla, sino de ser valientes y atravesarla. Y para atravesarla, necesitamos experimentarla con amor, con gratitud y sin miedo. Huir de ella la reiterará y propiciará que se exprese de maneras poco saludables, como una depresión o una enfermedad.

Una técnica muy útil consiste en hacer una cita con tu tristeza. Si estás pasando por un luto o situación triste, agenda unos minutos de atención plena y valiente para convivir con ella, lleva contigo lo que necesites para tu cita: fotos, recuerdos, canciones, etc. Crea un espacio y momento adecuados. Y pon una alarma que sirva como recordatorio de que esa cita ha terminado y que debes de seguir adelante. Intenciona ese trabajo como mejor te funcione para darle un sentido y ayudarte a reunir la fortaleza para no cancelar tu cita. Recuerda que el cerebro piensa que lo que es doloroso es malo para ti, por lo que intentará autosabotearte para evitar esa reunión con la tristeza, así que no le pidas permiso. No hay una regla, tal vez 15 minutos al día durante un mes son un tiempo razonable para ti. Escúchate a ti mismo y confía en tu intuición.

Alquimia para llevar

La tristeza, como emoción universal, nos permite procesar pérdidas, adaptarnos a cambios y reflexionar sobre nuestras experiencias. Nos invita a sentir y expresar nuestras emociones más profundas, lo que nos ayuda a sanar y crecer emocionalmente. Nos conecta con nuestra humanidad y con los demás, fomentando la empatía y la compasión. Nos enseña lecciones valiosas y nos impulsa a buscar la resiliencia y la renovación.

A través de las lágrimas de tristeza, encontramos la fuerza para renacer con mayor sabiduría y compasión.

Miedo

Estás a punto de dar una presentación en la que revelarás los resultados que han sido fruto de tu trabajo de meses; en la audiencia están personas clave cuya valoración de tu exposición será determinante para tu carrera profesional. Te presentan, escuchas tu nombre, hay mucho en juego, te estresas, se despierta una revolución en tu interior, el corazón parece querer salirse de tu pecho, ¡pum!, experimentas miedo. El miedo desempeña varias funciones adaptativas en la vida. Algunos desencadenantes comunes del miedo incluyen situaciones de peligro, amenazas percibidas, experiencias traumáticas o desconocidas. "Oye, Pam, pero qué exageración, estoy frente a una audiencia no frente a un león, así que digas que mi vida está en peligro, pues no, tampoco es para tanto, ¿por qué entonces siento un miedo tan intenso?".

Le puedes echar la culpa a tu amígdala cerebral, que es tu "centro de miedo", y sí, puesto que su función es la de detectar los peligros y amenazas del ambiente para llevar todos tus recursos y toda tu atención hacia ellos de manera que puedas tomar decisiones y preservar tu vida, es bien exagerada. Para ella todos esos ojos viéndote fijamente en tu presentación, no son un público, sino una jauría de lobos depredándote. Ya hablamos de ella cuando comentamos sobre el estrés, la amígdala forma parte del sistema límbico, está en nuestro cerebro, tiene forma de almendra. Lo que por ahora quiero que te quedes es que, contrario a lo que pensamos, el miedo no siempre aparece para decirte: "No lo hagas", a veces su función es cuestionarte: "¿Estás preparado?".

Algunas de sus funciones universales son:

1) **Protección y supervivencia.** El miedo tiene como función primordial protegernos y ayudarnos a sobrevivir. Nos alerta ante posibles peligros y activa respuestas de lucha, huida o congelación para enfrentar o evitar las amenazas. Nos enseña a evitar situaciones o estímulos que pueden representar un peligro y a aprender de experiencias pasadas para evitar comportamientos que puedan causarnos daño. De ahí vienen los traumas, emocionales o psicológicos. Un trauma emocional ocurre cuando, ante la presencia del estímulo que anteriormente nos hizo daño, nuestro cuerpo tiene una reacción exagerada, produciendo reacciones fisiológicas que nos impulsan a alejarnos de esa situación in-me-dia-ta-men-te. Sin embargo, el trauma psicológico ocurre más al nivel de los sentimientos, como producto de nuestros pensamientos.
2) **Adaptación y anticipación.** El miedo nos permite anticiparnos y prepararnos para posibles amenazas futuras. Nos ayuda a estar alertas y a tomar precauciones para garantizar nuestra seguridad y bienestar.

Por ejemplo, si vivimos en una zona propensa a desastres naturales, el miedo nos motiva a prepararnos y tener un plan de acción en caso de que ocurra un evento adverso. En México, donde yo vivo, hay terremotos que en algunas ocasiones han resultado desastrosos. Por ello, en casa tenemos una mochila cerca de la puerta, con algunos víveres, agua, medicamentos y artículos que consideramos necesarios o de supervivencia. Mientras te lo platico, me parece un tanto ridículo, y ahora mismo te diría que es una exageración. Ah, pero nada más suena la alerta sísmica, empiezo a sentir el traqueteo y mi amígdala me hace correr a agarrar la dichosa mochilita sin cuestionarlo. En ese momento el miedo me hace reaccionar como individuo y como madre, para asegurarme de preservar la supervivencia de mi clan. Curioso, ¿no?

3) **Comunicación y cohesión social:** es interesante también mirar al miedo desde su capacidad evolutiva, ya que puede servir como un mecanismo que incite la comunicación entre las personas para transmitir aprendizajes o advertir sobre posibles peligros a quienes no tienen conciencia sobre ellos o experiencia para enfrentarlos. Esto me recuerda un comentario de mi abuelita Ma, que durante la pandemia por covid-19, en un momento de gran miedo o incertidumbre, me dijo por teléfono: "Ay, mi niña, no sabes cómo me encantaría decirte: 'Ya pasé por algo similar en mi infancia y lo que va a pasar es... o lo que debemos de hacer es...', sin embargo, en mis más de 90 años nunca había vivido algo así, qué frustrante".

   El miedo servía en ella como propulsor para transmitir algún conocimiento o experiencia que nos ayudara a navegar mejor la situación, aunque en este caso no los hubiera.

4) **Fortalecer los lazos sociales:** por ejemplo, al compartir con otros aquello que nos hace sentir miedo podemos

encontrar apoyo, colaboración o soluciones. O bien el miedo a las prácticas de un mal gobierno puede llevar a la sociedad a unirse para abordar el problema de manera colectiva.

Así que cuando te digan: "El miedo es malo", recuerda que en un nivel emocional es tan necesario como todas las demás emociones.

Preguntas de interferencia del miedo

Enfoca tu pensamiento consciente en averiguar qué es aquello de lo que el miedo está tratando de prevenirte. Puedes apoyarte en las siguientes preguntas (de preferencia anota tus respuestas):

¿Cuáles son los peligros o riesgos que identifico?

¿Cuáles de ellos son reales y cuáles un producto de mi imaginación o de mis creencias propias?

¿Cuáles de ellos son producto de las creencias heredadas de alguien más?

¿Este riesgo que me provoca miedo es probable o surgió como producto de una experiencia pasada que me dejó marcado? En este caso, ¿qué aprendí?, ¿cómo soy más fuerte y sabio ahora a partir de ello? y ¿cómo es que con estos nuevos recursos puedo evitar que lo que me hizo daño se repita?

¿Se trata más bien de la carencia de recursos o falta de preparación en torno a lo que voy a hacer? En este caso, ¿cómo puedo prepararme mejor para poder sentirme más seguro?

Recuerda que el miedo está acompañado de estrés. Cuando hacemos algo por primera vez es muy probable que aun preparados nos sintamos estresados, lo cual es normal, pues es una función del cerebro que te permite estar alerta ante algo que hasta ese momento considera desconocido. Por lo que, aunque estés preparado, mientras la situación sea incierta o nueva, sentirás miedo. Jamás te sentirás lo suficientemente listo para hacer aquello que te da miedo, jamás te sentirás listo para brincar del acantilado pese a traer paracaídas, y esto ocurre porque el cambio requiere asumir un riesgo, y tu cerebro está diseñado para protegerte, por lo que encontrará miles de argumentos para empujarte a decir "mejor lo hago mañana".

Aquí es en donde aplica el prepárate y luego haz las cosas, aunque sientas miedo. Ese estrés no desaparecerá hasta que la situación se vuelva conocida, pero puedes atenuar esa resistencia echando mano de los catalizadores del miedo que vienen a continuación.

Catalizadores contra el miedo

Catalizador "el poder de la visualización"

Un gran recurso para reducir el miedo a través de la atención consciente es la visualización, conocida también como *imagery*. ¿Recuerdas que mencionamos que el miedo se produce en gran medida por la incertidumbre que conlleva involucrarnos en algo por primera vez? Bueno, pues la visualización es una manera de engañar al cerebro y hacerle pensar que no es la primera vez que realizamos algo, lo cual reduce la fricción límbica[13] o resistencia inicial, y no solo eso, también le genera confianza haciéndole creer que los resultados que obtuvimos fueron positivos, y que así se relaje y pueda funcionar mejor. Además, nos ayuda a reducir el estrés y evitar el distrés.

La visualización es una técnica que consiste en crear imágenes mentales vívidas y detalladas para representar situaciones, acciones o resultados deseados. Esta práctica ha demostrado tener varios beneficios, tanto a nivel mental como

13 Término acuñado por el neurocientífico Andrew Huberman, maestro e investigador de la Universidad de Stanford, para describir la resistencia y energía invertida en el lapso entre querer hacer algo y llevarlo a cabo, incluso en la resistencia generada al querer instalar un nuevo hábito; producida principalmente por la hormona norepinefrina o adrenalina.

físico. Al imaginar de manera vívida y detallada el proceso y el resultado deseado se fortalecen las conexiones neuronales relacionadas con esa actividad, lo que puede llevar a una mejor ejecución cuando se lleva a cabo en la realidad y favorecer la autoconfianza del practicante, reduciendo significativamente el miedo. Al visualizarnos desempeñando determinada actividad de forma alegre, fluida y relajada, se activan regiones cerebrales relacionadas con la calma, lo que puede disminuir los niveles de estrés y promover un estado de bienestar.

Cuando visualizamos intencionadamente, el cerebro activa áreas relacionadas con la percepción y la acción. Estas áreas incluyen la corteza visual, que procesa la información visual, y la corteza motora, que está involucrada en la planificación y ejecución de movimientos. Además, se ha observado que la visualización dirigida activa el sistema de recompensa del cerebro, liberando neurotransmisores asociados con el placer y la motivación.

Mucho ojo, es importante mencionar que la visualización no debe reemplazar la práctica real que implica involucrar todo nuestro cuerpo y mente en determinada actividad. Sin embargo, es un maravilloso complemento para mejorar el rendimiento, reducir el estrés, la resistencia y el miedo.

¿Cómo vamos a hacerlo?

Existen diversas técnicas de visualización. Aquí te mostraré una:

1) Siéntate cómodo, cierra los ojos y respira profundo, concentrándote en relajar cada parte de tu cuerpo con cada inhalación y exhalación.

2) Haciendo uso de tu imaginación reproduce en tu mente la película de la situación o actividad que estás a punto de experimentar, ya sea una conversación, presentación, cita, competencia, etc. Ve recorriéndola de preferencia desde la etapa previa inmediata en la cual estás preparando los últimos ajustes e imagina que te sientes cómodo y confiado. Aprovecha este momento para revisar todo aquello que debes anticipar: qué debes llevar, qué necesitas hacer para llegar preparado y sentirte listo. En todo momento es importante que involucres a tus sentidos lo más posible en tu visualización para hacer la película vívida y realista; recuerda que se trata de engañar al cerebro. ¿Qué ves? Ponle colores, modula la intensidad del brillo, observa detalles. Si no conoces el lugar en donde se llevará a cabo la actividad y no puedes imaginarlo, céntrate en lo que sí conozcas, aunque se trate solo de tu cuerpo; alterna entre imaginarte a ti mismo realizando la actividad y en otros momentos observándote desde fuera. Prosigue de la misma manera con tus otros sentidos. ¿Qué oyes? ¿Qué hueles? Pon atención a las sensaciones, a la temperatura, a tu postura, a las emociones que quieres experimentar, a los pensamientos conscientes que sí deseas tener.

3) Después, con esta misma técnica, imagínate ya en el momento clave, desempeñando cada acción de forma eficiente, con seguridad y precisión, gozando mientras lo haces. Si habrá gente involucrada, imagina su respuesta favorable, observa sus gestos y expresiones, las emociones agradables que tú sembraste en ella, lo que te dicen, etc. Aprovecha este recorrido para integrar tus herramientas y habilidades, muéstrales a tu cerebro y a tu cuerpo cómo es que quieres que funcionen.

4) Imagina qué harías y cómo responderías a determinados retos que pudieran presentarse, visualízate resolviéndolos con agilidad y persuasión.

5) Imagina resultados favorables y, sobre todo, imagínate sintiéndote satisfecho y feliz.

Recuerda, en este caso el objetivo de la visualización no es invocar dichos resultados, es decir, no la estamos haciendo con fines de manifestación (aunque es posible utilizarla para ello), sino con la finalidad de construir confianza en nosotros mismos. Más adelante, cuando lleguemos a las etapas de comportamiento y conducta, la utilizaremos como recurso para favorecer determinados resultados; a esto se le conoce como *priming* en psicología.

Sigue esta visualización guiada a través del siguiente audio:

Catalizador contra el miedo

Peter J. Lang es uno de los tantos científicos que, a través de estudios realizados en 1977,[14] comprueban que distintas técnicas de visualización influyen alterando nuestras emociones y comportamientos, reducen el estrés, favorecen el aprendizaje y fortalecimiento de habilidades, ayudan a instalar hábitos, promueven el pensamiento creativo y la resolución de problemas desde una visión más amplia e incluso mejoran la función del sistema inmunológico y la recuperación de la salud. Es por esto que incluiremos distintas técnicas de visualización a lo largo del libro.

Catalizador "símbolos que organizan"

Otro catalizador para reducir el miedo tiene que ver con los ya explorados rituales mágicos, ya que mitigan el diálogo interno ansioso y dirigen la atención de la memoria de trabajo de forma intencionada. La progresión de acciones genera una sensación de orden interno ante el caos y de preparación, también dota de significado a lo que hacemos y eso nos ayuda a conectar con algo más grande que nosotros mismos y que nos da fortaleza.

En este sentido tengo un ejemplo. Cuando me despido de mis hijos en la mañana para irnos cada quien a nuestras

14 J. L. Ji *et al.* "Emotional Mental Imagery as Simulation of Reality: Fear and Beyond-A Tribute to Peter Lang", *Behav Ther*, 2016, 47(5): 702-719.

actividades tenemos el ritual de crear una burbuja de protección. Primero les pregunto que de qué la quieren ese día, y me contestan cosas como: "De pantera negra", "De arcoíris mágico", "De gato unicornio dragón", "De Spiderman con Hulk y un tiburón ballena". En ese momento nos concentramos en crearla con los ojos cerrados, después yo la dibujo con mis manos saliendo a veces desde su corazón, otras desde su plexo solar, etc., dependiendo del tipo de energía que quieran invocar. Hago algún ruido o gesto característico del personaje y la declaramos activa. Ellos se la llevan puesta... ¡en el alma! Han ocurrido momentos en que Emiliano, mi hijo pequeño, se regresa desde la puerta reclamando que no le he puesto su burbuja de protección.

Es algo similar a lo que ocurre cuando te pones un amuleto u objeto de protección. Por un lado, tal vez el objeto en sí tiene propiedades energéticas, sin embargo la repetición y el ritual desencadenan estados internos en ti que abonan a la percepción de seguridad, contribuyendo a que tus pensamientos y acciones se vuelvan más asertivos.

Alquimia para llevar

El miedo, como emoción universal, actúa como una señal de alerta que nos prepara para enfrentar situaciones de peligro o amenaza. Nos ayuda a evaluar riesgos, tomar precauciones y activar respuestas de protección. Su propósito esencial es garantizar nuestra seguridad y supervivencia. A través del reconocimiento y la comprensión del miedo podemos superar nuestros límites y descubrir nuestro coraje interior.

Valiente no es aquel que no siente miedo, sino aquel que lo escucha, lo atraviesa y lo supera.

Ira

Mira que osar a venir a hablarte de la ira, ¡ja!, cuando sin duda la conoces bien, ¿verdad? Yo también. Esa que aparece como el Demonio de Tasmania de las caricaturas, destruye todo lo que hay a su alrededor y a veces, cuando es incomprendida, hace estragos en nuestras relaciones y en nuestra vida.

También la conocemos como enfado, enojo, rabia o cólera. Bueno, pues "esa" a la cual nos referimos no es del todo mala, al contrario, tiene lo suyo, y comprenderla nos ayudará a aprovecharla.

Primero que nada, cabe decir que se trata de una emoción de indignación que producimos cuando vemos obstaculizada la posibilidad de conseguir alguna meta o de satisfacer una necesidad. Los engaños, traiciones y abusos suelen ser algunos de sus desencadenantes, así como los estímulos aversivos de tipo físico, como experimentar un calor agobiante, un ruido molesto o algunos tipos de dolor corporal.

Como emoción universal desempeña varias funciones importantes en nuestra vida, por ejemplo:

1) **Protección y defensa:** actúa como una respuesta natural ante situaciones percibidas como amenazantes o injustas, y nos prepara para enfrentar o responder a esa amenaza. Por eso es normal sentir ira a veces cuando alguien invade nuestro espacio personal, ya que el cerebro se puede sentir agredido o en riesgo, y a través de la ira se asegura de dirigir nuestra atención y recursos para alejar a esa persona. A diferencia del miedo, nos incita a luchar contra el obstáculo en lugar de huir de él.
2) **Establecimiento de límites y respeto propio:** nos ayuda a establecer y mantener límites personales, expresar nuestras necesidades y defender nuestra dignidad. Puede ser una señal de que algo no está en consonancia con nuestros valores o límites personales. Por ejemplo, sentir ira cuando alguien no nos trata con respeto puede

motivarnos a comunicar lo que nos molesta, construir acuerdos y conseguir que nos traten de forma adecuada.

3) **Movilización para el cambio:** la ira puede ser un motor para el cambio y la acción. Puede motivarnos a enfrentar situaciones injustas o problemáticas, buscar soluciones o mejoras, y ser el impulso que nos saque de nuestra zona de confort. Por ejemplo, hace unos meses tuve la oportunidad de entrevistar para mi pódcast *Súbele a 11* a una mujer bella, inteligente y echada pa'delante: Claudia Cervantes. Seguro la conoces: actriz, cantante, productora y escritora mexicana, quien hace unos pocos años tomó la determinación de convertirse en madre de mi ahijado Santi, aunque tuviera que hacerlo soltera, pero no sola (échale un ojo a su libro *Amor in vitro*). Bueno, pues uno de los secretos que me reveló en aquella conversación fue que en muchos casos el motor que le ha permitido crear, innovar, aventarse, luchar y concretar grandes sueños y proyectos ha sido la ira como un potente propulsor que la ha llevado a poner sus convicciones por encima de los pronósticos o comentarios de otras personas. Te dejo la conversación con Claudia por acá:

Claudia Cervantes

¿Te ha pasado? ¿Te identificas con esto? De adolescentes la ira nos volvía impulsivos y nos hacía cometer errores. Sin embargo, sentir ira con un enfoque maduro, por ejemplo, ante la desigualdad social, puede impulsarnos a participar en movimientos de activismo o trabajar para cambiar las condiciones injustas. Nuestro diálogo interno juega un papel fundamental para convertirla en aliada.

4) Expresión de necesidades y comunicación: la ira puede ser una señal de que algo no está funcionando correctamente en una relación o situación. Sentir ira y comunicarla de manera constructiva puede abrir espacio para el diálogo y la resolución de conflictos en relaciones personales o profesionales. Es como un volcán que explota en nuestro interior, poderoso, ardiente, que arrasa con todo, pero cuya lava al secarse deja la tierra limpia y fértil. La idea, desde luego, es hacer un plan de evacuación para no hacerle daño a nadie y con eso a nosotros mismos, por eso existen maneras de manejar y canalizar (ojo que no dije controlar) el enojo, para usarlo como combustible, pero teniendo clara una ruta a través de la cual podamos comunicar lo que queremos de manera asertiva para en verdad lograr nuestros objetivos. Así, puede ser una forma de comunicación emocional, permitiéndonos expresar nuestras necesidades o insatisfacciones a los demás.

Preguntas de interferencia de la ira

La ira no es lo que parece: es curioso, pero las consecuencias de haber crecido en una sociedad con poca o nula validación emocional, en la que nos dijeron: "No llores, no estés triste", y en la cual la tristeza es un signo de debilidad, es que hemos aprendido a enmascararla y hacerla pasar como ira. Fíjate cómo en muchos casos cuando nos sentimos decepcionados, desvalorizados o profundamente tristes, nuestro comportamiento podría aparentar que estamos enojados, pero es solo eso, apariencia. ¿Por qué? Porque la ira es una emoción más aceptada en la sociedad. En servicio al cliente, siempre pido a mis alumnos que, ante la presencia de una persona con un comportamiento agresivo, no se enganchen, no se la crean y traten de leer entrelíneas, de ir más profundo. ¿En realidad es ira o tristeza lo que el cliente siente? Si la tristeza aparece cuando carecemos de alguien o algo que consideramos valioso, ¿qué carencia tiene esta persona? ¿Carencia de validación? Tal vez lo hemos tratado como un número más y no se siente visto. ¿Carencia de conocimientos para resolver su problema? ¿Carencia de habilidades para utilizar mi servicio? Tal vez tiene un sentimiento de desazón o frustración ante su carencia. ¿Carencia de resultados? Quizá está decepcionado pues depositó una gran expectativa en lo que podía lograr u obtener, y siente que su inversión fue un gasto, o que no encontrará jamás la solución que tanto necesita.

También la ira puede enmascarar al miedo, ya que el miedo, como la tristeza, es "mal vista" culturalmente. Haz una pausa y reflexiona por un momento: ¿en qué situaciones has notado que expresas el miedo a través de comportamientos de ira? ¿Cómo lo identificas en otras personas? De verdad tómate unos minutos y piénsalo. Una expresión asertiva de las emociones empieza por aprender a desenmascararlas y reconocerlas por lo que son.

Ya llegó, ya está aquí: contrario a lo que muchos te recomendarán, en mi experiencia (y lógica) tratar de desahogar la ira a través de dinámicas como golpear un colchón, fingir una pataleta, romper objetos, etc., no es conveniente. Existen varias razones científicas para respaldar esto, y es que, en primer lugar, la ira no necesariamente debe expresarse a través de la violencia o agresión, si siempre lo hacemos así, entrenamos al cerebro a seguir expresándola del mismo modo y se convierte en un comportamiento habitual. Además, como vimos con la alegría, actuar la ira solo producirá más ira y promoverá pensamientos destructivos. Porque dudo mucho que mientras golpeas con fuerza el cojín de tu sala estés pensando en unicornios y arcoíris, ¿o sí? Lo supuse. Entonces, ¿qué sí hacer para regularla?

Primero debemos invocar nuestro factor 11 de interferencia para poder reconocerla e identificar las sensaciones que nos produce para avisarnos que ya llegó. Hazte la siguiente pregunta: ¿cómo se manifiesta la ira en mi cuerpo?

Te quiero confesar algo. Por genética, mi temperamento tiene la propensión a ser iracundo, y hay situaciones en particular que tendían a sacarme de mis casillas, como la injusticia, el ver a alguien lastimando a un niño o animal, el mal servicio al cliente (por eso hoy entreno a gente en empresas para brindar un servicio asertivo). Uff, si no contara con estos recursos tal vez me hubiera convertido en la nueva #Lady del internet en cualquier momento, porque además estos desplantes me dejaban un sentimiento de culpa, vergüenza e insatisfacción, pues sabía que podía haber respondido desde un lugar más alto. Sin embargo, sé que no tenemos que ser necesariamente víctimas de nuestros genes y que origen no es destino. Así que me di a la tarea de estudiar inteligencia emocional y fue cuando descubrí que la ira me anuncia su llegada a través de una descarga de energía que inicia en la base de mi columna y sube deprisa, generando una sensación de calor que se apodera de mis extremidades superiores, pecho, cara y cabeza. De inmediato mis brazos se tensan para contener esa energía y mis ademanes o movimientos se vuelven verticales, tajantes y agresivos. Mis comentarios entonces se tornaban irónicos o sarcásticos, y sentía una propensión a infundir miedo o hacer sentir culpa a quien me estaba haciendo enojar.

Wow, qué duro fue reconocer todo eso en mí, pero más duro hubiera sido no hacerlo. Entonces, fíjate, al hacer consciente que esta cadenita de reacciones comenzaba con la descarga de energía y el calor, pude empezar a interferir en ella y hacer un cortocircuito para responder distinto. Empecé entonces a asesorar a distintos clientes y amigos para lograr lo mismo con la ira, la tristeza, el miedo y otras emociones que podrían llegar a volverse incapacitantes si no sabemos regularlas. Como has visto, cada emoción tiene sus catalizadores; los de la ira son maravillosos. Permíteme hablarte de ellos.

Catalizadores de la ira

Catalizador "la compatía"

Un catalizador superpotente para regular la ira es la *compatía*. Se trata de una mezcla de dos palabras que cuando van juntas funcionan mucho mejor, pues se dan sentido la una a la otra: compasión y empatía.

Compasión no es lástima, es la capacidad para sentir al otro, incluso su dolor o sufrimiento, no para rescatarlo desde la lástima sino para apoyarlo reconociendo y respetando su dignidad. Esto quiere decir que no es lo mismo apoyar a otro desde una actitud soberbia en la que lo desvalorizamos, desempoderamos y juzgamos al pensarlo incapaz de resolver sus propias circunstancias como si fuera un ser débil e inferior. La perspectiva correcta es comprender el sufrimiento, problemática o dolor del otro para poder aportar valor desde nuestro talento y posibilidades, sin verlo como desvalido o minimizarlo.

La empatía, dentro de compatía, tiene que ver con comprender las razones del otro desde la perspectiva de que en todo ser humano, por más malo que parezca, habita el bien y que cada uno hace lo mejor que puede desde los recursos intelectuales y emocionales que tiene. Y comprender no significa estar de acuerdo.

Se dice comúnmente que la empatía es la capacidad de ponerse en los zapatos del otro, pero ¿qué representan los zapatos y cómo lograrlo?

Mahatma Gandhi decía: "No es posible ponerse los zapatos de otro si no empezamos por quitarnos los nuestros". Los zapatos representan precisamente los filtros mentales de cada persona, sus fundamentos, los recursos desde los cuales percibe la realidad; ya hablaremos acerca de ellos en el siguiente factor. Si nosotros escuchamos a otro desde nuestros fundamentos tenderemos a emitir juicios, descalificar o tomarnos personales las conductas de los demás. Esto hará que nos irriten o alteren emocionalmente, haciéndonos sentir enojados, ya que recuerda que el enojo aparece ante la percepción de injusticia o estorbo. Si mientras escuchamos hacemos un esfuerzo por comprender desde qué lugar es que el otro hace lo que hace, piensa lo que piensa y siente lo que siente, entonces podemos tener una mirada más objetiva y neutral de la situación.

En realidad la empatía es más bien pedirle *prestados* sus lentes al otro, para intentar ver cierta situación desde su perspectiva y contexto. Jamás dejas de ser tú el que mira, pero te das la oportunidad de observar desde otro punto de vista. Así puedes comprenderlo en verdad, y comprender significa solo comprender, no significa justificarlo ni tener que estar de acuerdo, solo comprender que lo que esta persona piensa y dice viene de la convicción de que es lo correcto y lo mejor. Entonces, la compatía nos ayuda a evitar juzgar a la gente, comunicarnos de modo más asertivo desde el respeto, mantenernos en nuestro centro si alguien tiene una conducta déspota o agresiva, evitando tomarla como personal; y lo más importante, nos ayudará a conectar con ella, apoyarla y ser persuasivos.

Es importante saber que la compasión y la empatía son características inherentes, en mayor o menor medida, a cualquier ser humano que no cuente con algún trastorno o patología, como la sociopatía o psicopatía, que se caracterizan, entre muchos otros rasgos, por una deficiencia en el funcionamiento de las neuronas espejo o especulares. En este mundo no hay personas buenas ni personas malas, aun el que actúa "mal" piensa que hace lo que desde su perspectiva es mejor, y el que actúa "bien", quizá tarde o temprano viva algo que lo haga cambiar de opinión. Cada uno hace lo mejor que puede desde los recursos que tiene.

Hay dos preguntas y dos mantras que para mí funcionan como factores de interferencia de la ira e interruptores que activan la compatía:

Pregunta 1: Si esta persona está haciendo lo mejor que puede desde los recursos que tiene, ¿qué recursos nuevos necesita para pensar y actuar de manera distinta, y cómo puedo yo contribuir a facilitárselos con respeto?

Pregunta 2: ¿Qué haría el amor en este momento?

Mantra 1: No es personal, no está en contra mía, solo a favor de él mismo.

Mantra 2: Si yo hubiera aprendido y vivido lo que esta persona aprendió y vivió, es muy probable que pensara y actuara igual.

¿Qué te parece entonces si durante esa racha de cólera te repites a ti mismo estos disruptores? Dirigirás tu atención consciente a otro lugar y, desde ese lugar distinto podrás brindar una mejor respuesta.

Catalizador "bendita serotonina"

La serotonina es un neurotransmisor que desempeña un papel crucial en la regulación de las emociones y la conducta social, desde la depresión hasta los comportamientos agresivos; también influye en el sueño, el apetito y otras funciones del cuerpo. Si deseas potenciar la producción de serotonina para regular la ira, aquí hay algunos hábitos que podrías desarrollar:

1) **Alimentación equilibrada:** consumir una dieta balanceada y rica en triptófano puede ayudar a la producción de serotonina. Algunos alimentos ricos en triptófano son huevos, pescado, pollo, productos lácteos, nueces, semillas, legumbres y plátanos.
2) **Exposición a la luz solar:** la vitamina D es la mejor amiga de la serotonina, y el sol, uno de nuestros aliados para producirla. Pasar tiempo al aire libre y exponerte

a la luz solar puede estimular la producción de serotonina. Intenta pasar al menos 15-30 minutos al día al aire libre, en especial antes de mediodía o después de las 3 p.m., cuando la irradiación solar no es tan intensa. No importa si el día está nublado, la resolana es suficiente para lograr el cometido. Durante estos minutos evita usar lentes de sol o abusar del bloqueador, por eso son solo unos minutos.

3) **Ejercicio regular:** la actividad física puede aumentar los niveles de serotonina en el cerebro. Realizar ejercicios aeróbicos como caminar, correr, nadar o practicar deportes, al menos tres o cuatro veces a la semana, puede ser beneficioso. De hecho, cuando estés enojado, en lugar de tratar de descargarlo golpeando algo, sal a correr o a hacer algún ejercicio moderadamente extenuante, pues además de ayudarte a producir oxitocina, te ayudará a liberar endorfinas, que son los neurotransmisores del bienestar, además te permitirá descargar la energía sobrante que la ira trajo consigo y que está desequilibrando tu cuerpo y volviendo impulsivos tus comportamientos. Asimismo, si mientras lo haces escuchas música que te ponga de buenas contribuirás a mejorar tu estado de ánimo, lo importante es que mientras realizas la actividad no estés rumiando pensamientos de enojo, pues de lo contrario poco contribuirás a lograr el objetivo. Ya que te sientas mejor y estés más equilibrado emocionalmente, entonces podrás pensar con claridad y, ahora sí, voltear a ver a tu enojo y preguntarle: "¿Qué quisiste venir a decirme?". "¿Cómo puedo contribuir a ello de manera constructiva, sumando y no restando, desde el amor?". Por otro lado, hacer caminatas de 15-30 minutos como primera actividad del día, de preferencia en la naturaleza, activará tu flujo óptico. Este se refiere al movimiento visual percibido cuando nos desplazamos o los objetos se mueven a nuestro alrededor —lo cual no ocurre en una caminadora es-

tática—. Algunos patrones de flujo óptico calmantes, es decir suaves y predecibles, pueden reducir la actividad de la amígdala, la cual está relacionada con el miedo y la amenaza, generando una sensación de seguridad y permitiendo que durante el día estés alerta pero no de malas, ansioso o con distrés. Facilitará la regulación emocional.

4) **Meditación y relajación:** la meditación, el *mindfulness* y las técnicas de relajación pueden ayudar a reducir el estrés y promover la producción de serotonina. Estas prácticas también pueden mejorar el estado de ánimo y el bienestar general.
5) **Sueño adecuado:** ¿te ha pasado que cuando no duermes bien al día siguiente estás irritable y aprensivo? Obtener suficiente descanso y un sueño de calidad es esencial para mantener equilibrados los niveles de serotonina. Intenta establecer una rutina de sueño regular y crear un ambiente propicio para el descanso. Utiliza tu catalizador de las sensaciones y arma tu ritual de sueño. Los estudios señalan que siete u ocho horas de sueño, aunque pudiera variar un poco entre cada individuo, son lo óptimo. Si no lograste dormir bien y te sientes irritable, tómate 10 minutos en algún momento del día para practicar la técnica de *non-deep sleep rest* (NDSR) o descanso sin sueño profundo, con la cual a través de un estado de relajación promoverás tu descanso y regeneración física y mental, aumentarás tu energía y capacidad de concentración, y reducirás tus niveles de reactividad y agresividad. Lo mismo sucede con el yoga nidra, un gran recurso para cargar energía, relajarte y sentirte mejor.

Te dejo un protocolo de NDSR por acá:

NDSR

6) Relaciones sociales y apoyo emocional: mantener conexiones sociales saludables y recibir apoyo emocional puede contribuir a un estado de ánimo positivo y promover la producción de serotonina. Cultiva relaciones cercanas con amigos, familiares o grupos de apoyo cuyas conversaciones te permitan mirar las cosas desde una perspectiva más alta, noble y sabia. Evita relaciones cuyas pláticas giran constantemente en torno a la queja, crítica, reclamo y victimización. Bien dicen: "dime con quién andas y te diré..." en qué versión de ti mismo te encuentras, porque eres mucho más que el papel que ahora mismo desempeñas. De eso precisamente se trata este libro, de ampliar tus posibilidades más allá de tus identidades.

Recuerda que es importante consultar con un profesional de la salud si experimentas síntomas persistentes de baja serotonina o cambios significativos en tu estado de ánimo, los cuales son depresión, ansiedad, insomnio, cambios en el apetito (aumento o disminución, demasiado antojo de dulces o carbohidratos), fatiga persistente y debilidad generalizada. En el capítulo 4, "Rómpase en caso de incendio", encontrarás más al respecto.

Por último, unas preguntas de interferencia más: cuando los pensamientos entran en juego, la ira puede atenuarse, convirtiéndose en un simple "me molesta", o intensificarse, tornándose en odio. Si sientes odio por algo o por alguien, pregúntate:

- ¿Por qué y en qué momentos me ha hecho sentir enojado?
- ¿De qué manera representa un obstáculo para mí?
- ¿Qué de los actos de esta persona o en esta situación percibo como injusto?

A través de estos cuestionamientos descubrirás en qué está fundamentado tu enojo excesivo, si las razones son reales o no, qué lo desata y, sobre todo, si eliges seguir odiando a esa persona o situación, o ya no. En caso de que decidas soltarla, recurre a la compatía y sana tu relación con ella.

Alquimia para llevar

La ira, como emoción universal, tiene el propósito primordial de alertarnos y movilizarnos frente a situaciones percibidas como amenazantes, injustas o que desafían nuestros límites personales. Nos proporciona energía y motivación para defender nuestros derechos, establecer límites y tomar acción cuando sentimos que nuestras necesidades no están siendo satisfechas. Sin embargo, es crucial aprender a gestionar y canalizar adecuadamente la ira, ya que una expresión descontrolada puede tener consecuencias negativas. Cuando se maneja de manera constructiva y a través de una comunicación asertiva, la ira puede ser una fuerza impulsora para el cambio, la justicia y la resolución de conflictos.

"La única manera de cambiar la mente de alguien es conectar con ella a través del corazón." —Rasheed Ogunlaruuinca

Sorpresa

Vas caminando por una calle solitaria a las 11 p.m. y, de pronto, una persona te toca el hombro. Sientes un calor inmediato que corre desde la base de tu espina dorsal hasta la cabeza, emites un grito o un sonido producto de la bocanada súbita de aire que tomaste por la boca, saltas hacia un lado mientras que con las manos empujas el cuerpo de quien te tocó, tu mirada se apresura a tratar de identificar a la persona y comprender la situación. *Voilà!* Te presento a la sorpresa. La desencadenan la novedad y el cambio inesperado, cuando algo se sale de nuestro patrón cotidiano.

Y sus funciones universales son:

1) **Atención y enfoque:** captura nuestra atención al instante. Cuando nos sorprendemos, la atención se dirige en automático hacia el estímulo novedoso, lo que nos permite procesarlo y evaluarlo en mayor detalle.
2) **Preparación para la acción:** activa nuestro sistema de respuesta rápida y nos prepara para tomar acciones adecuadas ante una situación novedosa o inesperada. Puede movilizar otras respuestas emocionales y fisiológicas, como un aumento del estado de alerta o una aceleración del ritmo cardiaco. Por ejemplo, si ante el estímulo del toque en el hombro esa noche, al voltear identificas una cara familiar y resulta ser tu querido amigo del alma, entonces tu reacción será una, pero si volteas e identificas a un asaltante, tu respuesta en definitiva será otra.
3) **Adaptación y aprendizaje:** al desafiar nuestras expectativas, la sorpresa nos motiva a adaptarnos y aprender. Nos impulsa a actualizar nuestros esquemas mentales y a ajustar nuestra comprensión del mundo para acomodar la nueva información. Por ejemplo, cuando la vida te sorprende con una pandemia que te obliga a cambiar tu estilo de vida y replantear tu negocio, tus hábitos, tus relaciones e incluso la que tienes contigo mismo.

4) **Memoria y retención:** la sorpresa tiende a dejar una fuerte impresión en nuestra memoria. Los eventos sorprendentes son más propensos a ser recordados y pueden tener un impacto duradero en nuestras experiencias y conocimientos. Si el resultado de la sorpresa es doloroso, podría desencadenar un trauma, que es una respuesta automatizada del sistema nervioso ante un estímulo que el cerebro tiene asociado como riesgoso. Por ejemplo, hace varios años estuve en un accidente automovilístico que por fortuna no tuvo consecuencias peores que un coche destruido y un gran susto. Durante los meses siguientes al accidente me ocurrió un fenómeno interesante: cuando iba en carretera y no iba yo al volante, en cada ocasión que el conductor frenaba, aunque no fuera tan brusco, mi cuerpo reaccionaba en automático de forma desproporcionada, se incrementaban mis frecuencias cardiaca y respiratoria, mis piernas se tensaban y mis manos se apresuraban a sostenerse con mucha fuerza de donde pudieran. Poco a poco esta memoria emocional se fue volviendo más sutil, sin embargo, a la fecha, quedarme dormida en el coche cuando voy como pasajero es algo que pocas veces ocurre, como si mi sistema nervioso no me lo permitiera y prefiriera estar alerta, cuando antes del accidente era algo bastante común, ya que el movimiento me arrullaba, pero si el cansancio me noquea, basta un leve frenón para que me despierte de inmediato y experimente de nuevo, de forma más poderosa de lo común, un tremendo susto que no es otra cosa que sorpresa.

La sorpresa es la más corta de las emociones, a nivel fisiológico su efecto dura menos de cuatro segundos —que es más o menos lo que dura la gran mayoría—, ya que sirve como puente entre el estímulo y otra emoción que aparece posterior a la sorpresa. Esta tiene la intención de dirigir nuestra atención al estímulo para resolver, pero una vez que reconocemos ese estímulo novedoso, surge otra emoción que experimentaremos intensamente a causa de la adrenalina producida con la sorpresa y que intensifica cualquier otra emoción. Tal como lo experimentamos en el ejemplo de la calle solitaria, si lo que vemos después del susto es a un querido amigo, en vez de simple alegría sentirás euforia; si ves a un asaltante, en vez de miedo sentirás terror.

Como la sorpresa es muy corta y sirve como puente, difícilmente podemos cuestionarla o interferir en ella, sin embargo, hay una pregunta de interferencia de la sorpresa que podemos hacernos: esta emoción intensa que estoy experimentando como producto de la sorpresa, ¿es real, es coherente o es producto de la adrenalina? En ese sentido, es preferible hacer una pausa y respondernos a esto, antes de tomar cualquier decisión subsecuente de la que nos podamos arrepentir.

Asimismo, considera que la adrenalina funcionará como un catalizador o lupa que magnifica cualquier sustancia, pensamiento, sensación o emoción con la que entre en contacto, así que ten cuidado con lo que consumes o haces bajo la presencia de ella.

Alquimia para llevar

La sorpresa, como emoción universal, tiene el propósito principal de captar nuestra atención y despertar nuestra curiosidad frente a eventos inesperados o novedosos. Nos permite estar alerta y adaptarnos rápidamente a nuevas situaciones, desafiando nuestras expectativas previas. Nos invita a explorar, aprender y expandir nuestros horizontes.

La sorpresa es la chispa que enciende todo lo que toca.

Aversión

Piensa en un olor o sabor que te parezca desagradable. Ahora en algo contaminado, podrido o tóxico. Imagina a una persona muy enferma estornudándote encima. ¿Ya lo imaginaste? Bueno, pues eso que experimentaste se llama asco, y es un tipo de aversión.

Ahora piensa en un hecho social que te parezca aberrante, una persona cometiendo un delito o dañando a un ser vivo. Dedícale unos segundos. ¿Listo? Eso que experimentaste es una aversión social a la que llamamos desprecio.

Como podrás ver, el desencadenante de la aversión, en cualquiera de sus tipos, es el rechazo sensorial de algún estímulo que nuestra mente percibe como repulsivo o tóxico. Las funciones universales de la aversión son el mantenernos lejos de aquello que podría intoxicarnos de algún modo, es una señal de alarma que nos dice: "Hey, ¿seguro te quieres comer eso?", y que nos ayuda a preservar nuestra integridad y supervivencia y a aprender sobre aquello que ya nos hizo daño alguna vez, para evitar el malestar en el futuro. Por ejemplo, si te intoxicas con camarones, es muy posible que estos te produzcan aversión por un largo tiempo en lo que tu mente deja de asociarlos con esa infección que puso tu vida en peligro. Si una persona nos provoca desprecio en algún momento debido a un comentario poco asertivo o una conducta que reprobamos, es muy posible que la mente muestre rechazo en adelante y tal vez no tengamos muy claro por qué ese ser humano "no nos vibra" o "no nos late".

Preguntas de interferencia de la aversión

Invoca el juicio a través del pensamiento consciente y la compatía y dale a esa persona una segunda oportunidad. Nadie es perfecto y un solo desacierto no la hace necesariamente una mala persona.

Pregúntate: ¿qué aspectos específicos de esta persona me hacen sentir rechazo? ¿Es algo que puedo identificar o se trata de alguna asociación inconsciente que generó mi mente de acuerdo con mis preceptos y juicios morales para tratar de protegerme?

En el caso del asco: ¿esto que tengo enfrente en realidad es tóxico o está contaminado?, o ¿simplemente, me activa el recuerdo de un momento en que algo similar me hizo daño?

Los gustos pueden cambiar con el tiempo, darte la oportunidad de cuestionar tu aversión a un alimento, o tu desprecio ante un comportamiento, puede ser una gran oportunidad para ampliar tus horizontes y replantearte viejas posibilidades.

Catalizador para erradicar la aversión

Catalizador "una segunda oportunidad"

Si se trata de un olor o alimento al cual quieres dar una segunda oportunidad, empieza por dejar un espacio de tiempo prolongado sin tener contacto con él. Existen sensibilidades alimenticias —que no son aún alergias— que se producen por una exposición exagerada a algún alimento o por una mala experiencia. Por lo general los especialistas en el tema te recomiendan dejar de consumirlo entre nueve meses y un año para resetear el sistema, como si de esa forma lograras que tu organismo se olvidara de que ese alimento existe, colapse la asociación y tu sistema deje de estar hiperreactivo. Si se trata de una alergia, existen tratamientos que educan al organismo a reprogramarse y acostumbrarse a determinado estímulo para que elimine la aversión al mismo; asesórate con un especialista. Puedes hacerte un test de sensibilidades o una prueba de alergias y partir de ahí identificar esas aversiones que ha desarrollado tu cuerpo sin que tú te enteres, provocando inflamación, malestar o enfermedad. La kinesiología, la homeopatía, la acupuntura, una técnica llamada NAET, que es para la eliminación de alergias, un programa de desintoxicación profunda o la medicina convencional podrían ayudarte muchísimo.

Desde luego podrás deducir que el catalizador del desprecio es la compatía, cuyo fortalecimiento potenciará tu capacidad de amar sin condiciones y reducirá drásticamente el juicio. Sin embargo, el desprecio como emoción puede ser un indicador para pensar dos veces involucrarte en una relación con una persona que te genera aversión. No se trata de prejuzgar y bloquear toda posibilidad, sino de escuchar a tu intuición, de dirigir tu atención de manera consciente y lo más objetiva posible y de reunir más indicadores que te permitan tomar una decisión. Solo procura que tu análisis esté lo menos sesgado por... tus filtros mentales; una tarea complicada pero posible. Ya descubrirás por qué y cómo más adelante.

Alquimia para llevar

La aversión, como emoción universal, tiene el propósito principal de protegernos de situaciones o estímulos que percibimos como dañinos o tóxicos para nuestra integridad física, emocional o moral. Nos impulsa a evitar o alejarnos de aquello que consideramos perjudicial, lo cual nos ayuda a preservar nuestra seguridad y bienestar. Sin embargo, es importante gestionar la aversión de manera equilibrada, ya que una aversión excesiva o irracional puede limitar nuestras experiencias y relaciones.

En el equilibrio consciente entre precaución y apertura se encuentra la verdadera libertad.

Culpa

Esta tiene dos versiones, la de emoción y la de sentimiento. Como emoción, forma parte del subgrupo de emociones sociales. Porque, mira, la culpa aparece como una reacción fisiológica, adaptativa y evolutiva cuando hacemos algo que pone en riesgo nuestra integridad, la integridad de otra persona o nuestro lugar en la comunidad, lo cual desde el punto de vista de nuestro cerebro primitivo o cavernícola (como me gusta llamarle) pondría en riesgo la propia supervivencia. Para comprenderlo imagina lo siguiente: vives en la época de las cavernas, perteneces a un grupo de personas al que llamas "tribu", entre todos hacen equipo para alimentarse, cuidarse, procurarse alimento, calor y bebida, y sobre todo para protegerse de amenazas externas, como un león. Mientras unos duermen o descansan, otros están en guardia; mientras unos cazan, otros siembran o cosechan, otros tantos buscan agua y el resto cuida a la prole. Ahora imagina que hicieras algo tan despreciable que tu tribu te echara y te dejara solo a tu suerte.

¿Sería posible tu supervivencia? Bueno, posible sí, probable no.

Es por eso que los seres humanos somos seres sociales, nos necesitamos entre nosotros para subsistir y desarrollarnos. Y eso está bien impregnado en tu ADN, por lo que cada célula de tu cuerpo lo sabe, y tu mente se asegurará de recordártelo para que, si la riegas o metes la pata, puedas enmendar tu error y ser aceptado. Así que la culpa es una aversión hacia nuestros propios actos cuando hacemos algo dañino para nuestra integridad física, social o emocional.

Un artículo muy interesante publicado en *Psyciencia*[15] revela las que podrían formar parte de las funciones universales de la culpa: según un estudio de 2015, las personas que experimentan más culpa tienden a ser mejores identificando

15 Alejandra Alonso, "¿Vergüenza o culpa?: 4 estudios nos muestran las diferencias", *Psyciencia*, 2016.Disponible en: https://www.psyciencia.com/verguenza-o-culpa/.

las emociones de los demás a través de expresiones faciales. Los investigadores sugieren que la culpa está vinculada a la empatía.

Otro estudio reciente revela que la propensión a sentir culpa durante la infancia puede evitar comportamientos riesgosos. Algo similar sucede con los jóvenes que sienten culpa, quienes tienden a tener menos parejas sexuales, consumen menos drogas ilegales y alcohol, y tienen menos contacto con el sistema de justicia penal.

Es importante agregar otra que considero una función básica de la culpa, y es ayudarnos a aprender sobre nuestros comportamientos o conductas dañinos para evitarlos en el futuro; así como reparar algún daño que hayamos hecho a otra persona. Por desgracia algunas religiones han programado a sus creyentes para desahogar sus culpas a través de la mera confesión con un guía espiritual, cumpliendo una penitencia o autocastigo, o comprando la absolución de dicha culpa. Y no digo que esté mal confesar nuestras faltas, lo que digo es que no es suficiente. Hay que reparar y eso no se logra infligiéndonos daño físico o emocional. Estoy convencida de que nuestros errores no nos definen como seres humanos, sino lo que hacemos con ellos y a partir de ellos.

Preguntas de interferencia de la culpa

Cuando sientas culpa por algo que hiciste, pregúntate:

¿Qué función tiene la culpa en este caso?

a) La de mostrarme una conducta dañina para mí mismo y ayudarme a aprender de ella para no repetirla. En este caso: ¿cuál es específicamente?, ¿qué es lo que la hace dañina?, ¿en realidad lo es o proviene de una creencia?, ¿cuál es esa creencia?, ¿quién me la instaló y cuándo?, ¿cómo esto que pasó es un regalo u oportunidad?

b) La de mostrarme una conducta mía que dañó o podría dañar a alguien más. Si el daño aún no está hecho, ¿cómo puedo evitarlo? Si el daño ya se hizo, ¿cómo puedo repararlo?, ¿qué puedo hacer para aprender y capitalizar lo sucedido en beneficio de todas las partes involucradas?, ¿cómo esto que pasó es un regalo u oportunidad?

c) Esta pregunta la encontré en un video de la psiquiatra Marian Rojas Estapé en el cual habla sobre el poder de liberarte de la culpa. Lo dejaré en la *playlist* de recursos de *La alquimia del pensamiento* en mi canal de YouTube. Me parece sencilla y valiosa: "¿Qué me estoy perdiendo de mi presente por vivir enganchado con la culpa?".

Cuando la escuché me detonó un montón de cosas; te comparto una experiencia. Cuando Doménica, mi primera hija, nació, yo estaba trabajando como asesora para el gobierno de la ciudad de Puebla, ¿te acuerdas que te lo comenté al principio? Sin embargo, yo vivo en el Estado de México, lo cual hacía que tuviera que viajar una vez por semana a Puebla: al menos dos horas de ida, dos de regreso, juntas o eventos de varias horas y a veces trasnochar allá. Mientras estaba trabajando, a pesar de que disfrutaba muchísimo el tiempo allá por todo lo que aprendía, la gente maravillosa con la que convivía y lo útil que me sentía, a veces no podía disfrutar tanto el momento por la culpa que me generaba no estar con mi bebé. En cambio, cuando estaba con ella, sentía culpa por no estar resolviendo temas de trabajo importantes. El cuento de nunca acabar. Ahí descubrí dos catalizadores superefectivos para la culpa:

Catalizadores para erradicar la culpa

Catalizador de "doble identidad"

Si no puedes disfrutar el presente debido a la culpa que sientes por no estar haciendo otra cosa que tus creencias te dictan que deberías de estar haciendo, vas a hacer lo siguiente:

1) Ponle un nombre a la identidad que te toca representar en ese momento determinado, por ejemplo, "Pam asesora", o puedes inventarle un nombre más original que te conecte con tus capacidades y habilidades. Ponte creativo, es solo para ti. Anótalo para que lo recuerdes. Ahora invoca esa energía con el fin de manifestarla aquí y ahora en todos los aspectos. Apodérate de esa identidad en cuerpo, cabeza y corazón. ¿Cómo se siente habitar ese personaje a plenitud y por completo? Dirige tu atención consciente al presente. ¿Cómo habla? ¿Cómo se mueve? ¿Qué emociones experimenta? ¿Cuáles son sus superpoderes? ¿En dónde está su atención consciente para poder representar el personaje de forma exitosa? Ponle un movimiento simbólico, algo que lo represente. Por ejemplo, puedes hacer con las manos un movimiento como si te estuvieras poniendo un gafete, gorra, uniforme o botón que activa en ti esa identidad; será una acción que repetirás como ancla cada vez que invoques este personaje. Funciona similar a los rituales que ya aprendimos, por eso intenta que la activación, patrón y secuencia de este movimiento sea siempre igual para que sea más efectivo. Haz una pausa, cierra los ojos e inténtalo.

2) Ahora elige otro nombre para tu segunda identidad, aquella que también forma parte de la diversidad de papeles que juegas en el día a día, por ejemplo, "Pam mamá". Repite los pasos del punto anterior.

3) Cada vez que vayas a entrar en cualquiera de esas modalidades, haz tu movimiento ancla e invoca a tu identidad, personaje o papel por su nombre. Asúmelo y disponte a habitarlo en el momento presente. Si durante el periodo de tiempo en el que estás regresa la culpa porque los pensamientos se desvían, regresa al presente repitiendo tu movimiento ancla o una versión corta de él con el que asocies ese rol.

Catalizador de "reencuadre"

Este catalizador podría servirte para muchas emociones, pero nos enfocaremos ahora en emplearlo para liberarnos del sentimiento de culpa. Cuando la culpa te atormenta es porque tu atención está en el lugar equivocado. En aquello que no hiciste, donde fallaste, lo que no lograste, el daño que provocaste o el que, según tú, provocarás. Está bien mirarlo de forma objetiva, pero no te atores, redirige tu atención consciente hacia un lugar más sano: lo que sí hiciste, dónde acertaste, lo que sí lograste, lo que aprendiste, la experiencia que construiste, lo que podrás hacer distinto la próxima vez gracias a lo que hoy ya sabes, lo que puedes hacer para reparar o para evitar ese daño.

Alquimia para llevar

La culpa, como emoción universal, tiene el propósito principal de señalar cuando hemos transgredido nuestros propios valores, normas o expectativas, o cuando hemos hecho algo que daña o transgrede los límites de los demás. Nos impulsa a reflexionar sobre nuestras acciones, reconocer y asumir la responsabilidad por nuestros errores, lo cual nos lleva a buscar la reparación, el aprendizaje y el crecimiento personal. Sin embargo, es importante distinguir entre una culpa saludable que nos motiva a mejorar y una culpa tóxica que nos consume y nos impide avanzar.

La culpa es un llamado a la responsabilidad, y la compatía hacia uno mismo es el camino hacia la liberación, sanación y evolución.

Afecto

Su función universal por excelencia es promover la conexión, el cuidado y la cohesión social entre las personas. Valoramos aquello por lo que sentimos afecto y sentimos afecto por aquello que valoramos. Solo que en un nivel básico, la primera valoración ocurre como producto de una sensación de atracción, placer, conexión, seguridad, etc. La segunda valoración ocurre cuando pasa por el tamiz de la razón y el afecto se convierte en sentimiento. Por ejemplo, cuando sentimos ternura, admiración, enamoramiento, cariño, pasión, compasión, etc. Todas estas son emociones secundarias al afecto.

El afecto tiene estas funciones universales:

1) **Vinculación emocional:** crea lazos emocionales entre las personas. Proporciona una sensación de conexión, intimidad y cercanía emocional con otros individuos, lo que contribuye al bienestar psicológico y a la satisfacción en las relaciones.
2) **Apoyo y protección:** implica el deseo y la voluntad de cuidar y proteger a las personas por las que sentimos afecto. Proporciona un sentido de seguridad, apoyo emocional y ayuda práctica en momentos de necesidad. Promueve el bienestar y la seguridad física y emocional de las personas involucradas.
3) **Cooperación y colaboración:** fomenta la colaboración y la cooperación entre las personas. Cuando sentimos afecto por alguien, estamos dispuestos a trabajar juntos, a comprometernos y a colaborar para alcanzar metas comunes y resolver conflictos de manera constructiva. Promueve la construcción de relaciones basadas en la confianza, el respeto mutuo y la comunicación efectiva.
4) **Bienestar y felicidad:** contribuye al bienestar y la felicidad individual y colectiva. Las relaciones afectuosas satisfactorias y saludables están asociadas con una mayor satisfacción en la vida, niveles más altos de autoestima

y una mayor calidad de vida en general. El afecto proporciona un sentido de propósito y significado en nuestra vida.

5) **Reproducción y crianza:** es esencial en el contexto de la reproducción y la crianza de los hijos. El afecto en su modalidad de amor romántico y parental desempeña un papel fundamental en la formación de relaciones de pareja estables, así como en el cuidado y la crianza de los hijos, lo que asegura la supervivencia y el bienestar de las futuras generaciones.

Preguntas de interferencia del afecto

Cuando sientes una atracción o aprecio por algo o alguien es importante cuestionar el origen de ese sentimiento para asegurarte de que es un afecto positivo de acuerdo con tus objetivos, el cual vale la pena reforzar, y que no se trata solo de una reacción fisiológica ante algo que sensorialmente pareció beneficioso y valioso, pero que puede resultar perjudicial.

Por ello, vale la pena invocar el *logos* y cuestionarnos: ¿qué es aquello que esta persona me brinda, que hace que me resulte atractiva? ¿Eso que me ofrece me parece valioso porque cubre una carencia? De ser así, ¿es la mejor manera o la más conveniente de resolver mi necesidad? ¿Este afecto es uno que vale la pena preservar o potenciar para convertirlo en una relación?

Y lo mismo al revés. ¿Qué es aquello que le brindo a esta persona que hace que yo le resulte atractivo? ¿Eso que le ofrezco le parece valioso porque cubre una carencia? De ser así, ¿me siento cómodo al ser valorado por eso? En ese sentido, ¿este afecto es uno que vale la pena preservar o potenciar para convertirlo en una relación?

Catalizador del afecto

Catalizador "sana distancia"

Como lo sabemos, una cierta distancia puede ser muy útil cuando necesitamos cuestionar una relación, desvincularnos de un afecto o ralentizar el proceso. Por ello, si estás en una situación que lo requiera, para poder pensar objetivamente y con la cabeza fría necesitamos apaciguar la emoción. Mantén una sana distancia con los estímulos que te la provocan —la presencia de esa persona, comunicación con ella, noticias de sus redes sociales, imágenes y recuerdos, aromas, lugares, etc.— y dirige tu atención de manera consciente anotando en un papel aquello que te lastima, molesta, hace dudar sobre esta persona. Hazlo por un tiempo en lo que puedes ver con claridad para tomar una decisión. Hacer esta lista es importante pues cuando un afecto se pierde, surge la tristeza, el luto, y esta puede llevarnos a sentir abstinencia, extrañar y tratar de buscar compulsivamente a la persona u objeto querido por todo aquello que sentimos que nos hace falta. Poder recurrir a esa lista en esos momentos será vital para recordarte a ti mismo las razones por las que el esfuerzo es necesario y vale la pena, así podrás mantenerte firme.

Alquimia para llevar

El afecto tiene una función universal de establecer conexiones emocionales positivas, promover relaciones significativas y generar un sentido de calidez y cuidado hacia los demás. Contribuye a fortalecer lazos sociales, fomentar la empatía y crear un entorno emocionalmente seguro, mejorando así nuestro bienestar y el de quienes nos rodean.

"El principio más profundo del carácter humano es el anhelo de ser apreciado." —William James

Uff, el mundo de las emociones... ¡Tanto que conocer de algo que nos habita a diario y de lo que casi nadie nos habla, ¿verdad?! Y es que ¿cómo podemos pretender desarrollar una inteligencia emocional si no podemos ni siquiera reconocerlas cuando aparecen, si no podemos nombrarlas y si no entendemos los mensajes que nos regalan? Nos apresuramos a juzgarlas, rechazarlas, huir de ellas, esconderlas y más en una sociedad en donde, hasta ahora, pareciera que sentir es de débiles y descompuestos. Nos han dicho miles de veces: "No llores", "No te enojes", "No te rías", "No te estreses", "No tengas miedo", y un gran etcétera.

Pero ¿cómo reconocerlas para poder nombrarlas y trabajarlas? A través de la atención consciente en ellas, poco a poco iremos identificando los reflejos emocionales y nuevas sensaciones que cada una produce y que nos ayudarán a darles lectura e identificarlas.

Antes de pasar al siguiente factor del Método de Transmutación de Realidades veamos un breve resumen para entrar en sintonía:

Alquimia para llevar

Las emociones son una respuesta fisiológica compuesta por bioquímicos, hormonas y energía en movimiento, que aparecen en nuestro cuerpo como reacción de nuestro sistema límbico ante los impulsos del sistema nervioso, producto de los estímulos y sensaciones. Tienen una función adaptativa para dirigir tu atención al estímulo y que puedas elegir una respuesta según el contexto y una función evolutiva para que aprendas de ello y así procures lo que es "bueno" para ti y evites lo "malo" o aquello que pone en riesgo tu supervivencia. Duran en el cuerpo unos

segundos y una vez que ya captaron tu atención, tenderán a reabsorberse y desaparecer, a menos que se conviertan en estados de ánimo o sentimientos.

Según la teoría de la Jean, existen ocho emociones principales, de las cuales se derivan todas las demás: ira, alegría, miedo, tristeza, sorpresa, aversión, culpa, afecto.

Las emociones son la paleta de colores que pintan nuestra experiencia de vida, y en su diversidad encontramos el poder de nuestra propia transformación.

Ahora que ya conocemos las emociones primarias, sus desencadenantes y funciones universales y comprendemos que todas son necesarias y poderosas mensajeras, podremos entender mejor cómo hacer alquimia con ellas a través del pensamiento. Lo que no sabemos aún es qué pasa con nuestras emociones después de que aparecen y cómo se transforman.

FACTOR 5 PERCEPCIÓN

Ya entendimos que los estímulos provocan sensaciones y estas a su vez pueden producir actos reflejos, o también pueden producir emociones y reflejos emocionales. Sin embargo, podrían no producir ninguna de las anteriores y llevarnos de inmediato a un proceso cognitivo. Por ejemplo, cuando captas una palabra a través de los ojos:

ÁRBOL

Es inevitable leerla, ¿cierto? Quizá no te produjo ni actos reflejo ni emociones, pero automática e inevitablemente te apresuraste a otorgarle una interpretación y un significado. Pues a este proceso se le llama percepción.

Las sensaciones siempre desencadenan el proceso de percepción, ya sea de manera directa o a través de reflejos y emociones previas. La mente tiene siempre la necesidad de organizar e interpretar estas experiencias, lo cual es fundamental en el proceso de percepción. Su objetivo es construir una representación lógica y significativa del mundo que nos rodea. Es un proceso complejo que implica la selección, organización e interpretación de estímulos sensoriales.

La percepción hace que sintamos gusto o disgusto ante las sensaciones, y es una interpretación que puede darse en automático, o podemos alterarla de forma consciente para provocar que algo doloroso nos guste o que algo placentero nos disguste. Así de compleja es la mente.

El proceso de percepción empieza desde que la mente elige de entre toda la información que está recibiendo a través de los sentidos aquella que considera más relevante. El sistema nervioso filtra y procesa sin cesar una gran cantidad de estímulos del entorno, y solo una fracción de ellos alcanza nuestra conciencia.

Por ejemplo, cuando estamos en un lugar concurrido podemos seleccionar a conciencia ciertos estímulos para enfocarnos en ellos, como la voz de alguien a quien estamos escuchando, mientras ignoramos otros estímulos de fondo. O ¿has oído hablar de la llamada "sordera matrimonial"? Dícese de la capacidad del marido para elegir no percibir la voz de su esposa o el llanto de sus hijos para poder seguir concentrado en el partido de futbol o las carreras de coches; y ante el reclamo posterior de la estresada mujer, responder fresco y tropical: "Perdón, no escuché". Es todo un arte. No cualquiera lo logra.

Esta selección sobre aquello a lo cual prestar atención puede ser inconsciente, tal vez un anuncio o espectacular en la avenida mientras vamos manejando o un mensaje de texto que entra al celular mientras estamos tratando de concentrarnos en enviar un correo, pero que no podemos evitar leer cuando aparece en la pantalla. De hecho, existe un fenómeno llamado abstracción selectiva, que se trata de una distorsión cognitiva a través de la cual centramos nuestra atención de modo inconsciente en aquellos aspectos de la realidad acordes a nuestros esquemas mentales e ignoramos, o apenas tenemos en cuenta, el resto de la información, lo cual sesga nuestra percepción.

O podemos elegir a qué ponerle atención si involucramos el pensamiento consciente.

Hoy en día recibimos tantos estímulos todo el tiempo que se ha vuelto un reto aprender a elegir, dirigir y mantener nuestra atención consciente en aquello que amerite nuestro tiempo, y esto es importante porque a todo lo que le abramos la puerta de nuestra atención, detonará el proceso completito y gastará nuestra energía. ¿Te ha pasado que terminas el día agotado y no porque necesariamente hayas hecho mucho, sino por todo el gasto energético que generaste con la mente navegando por tus redes sociales y saltando de un estímulo a otro?

Entonces, una vez que seleccionamos consciente o inconscientemente a qué prestar atención, empezamos a agrupar los estímulos en patrones significativos. Aquí entran en juego principios como la proximidad, la similitud, la continuidad y el cierre. Estos principios nos ayudan a organizar elementos individuales en unidades coherentes y reconocibles, permitiéndonos identificar formas, objetos y estructuras en el entorno. Así podemos reconocer un cuadrado, una mancha con forma de corazón, una silla, etcétera.

Una vez que la información ha sido organizada, procedemos a interpretarla. La interpretación perceptual es un proceso cognitivo más complejo a través del cual atribuimos características a las cosas y les otorgamos un significado de acuerdo con nuestra experiencia. En esta etapa, el hipocampo —nuestro archivero mental— inicia la evocación de memorias y recuerdos guardados en el cerebro con respecto a la situación que estamos presenciando. Y entonces pensamos: "¡Ah, se trata de una silla!". No solo observamos su forma, colores y textura, sino que la reconocemos, encontramos el nombre con el cual tenemos asociada esa imagen y recordamos que se usa para sentarse. Pero ¡espera! ¿Por qué ese perro se acuesta debajo de la silla en lugar de encima de ella? ¿Por qué ese niño se para sobre ella en lugar de sentarse? ¿Por qué esa señora la usa para detener su bolso? ¿Por qué ese joven se recarga de pie sobre su respaldo? Ah, bueno, pues porque lo interesante aquí es que, frente al mismo estímulo o sensación, cada persona percibirá algo distinto ya que cada cabeza es un mundo.

Y eso se lo debemos a los filtros mentales que la PNL define como los lentes que nos impiden ver la realidad como es, convirtiendo el territorio en un mapa, porque un mapa es una representación del territorio, pero no es el territorio real. Asimismo, lo que pensamos sobre un objeto, situación o persona es solo nuestra representación sobre ello, mas no la realidad. Los filtros mentales se tratan del tamiz o la lente a través del cual, consciente o inconscientemente, miramos las situaciones de acuerdo con nuestras creencias e introyectos.

En psicología, los introyectos se refieren a las creencias, actitudes, valores y expectativas que adoptamos de figuras de autoridad significativas para nosotros, como nuestros padres, maestros u otros modelos de referencia durante nuestra infancia, y las internalizamos sin cuestionarlas. Estos introyectos se convierten en parte de nuestra identidad y pueden influir en la forma de pensar, sentir y comportarnos. Estas creencias y actitudes se vuelven automáticas y pueden funcionar como una especie de "voz interior" que nos guía en nuestra vida diaria. Pueden ser tanto positivos como negativos, dependiendo de qué tan útiles o limitantes resulten en función de nuestros objetivos.

Por ejemplo, si un niño crece en un ambiente donde se valora la honestidad y el respeto, es probable que internalice estos valores y los refleje en su comportamiento. Sin embargo, si crece en un ambiente donde se le critica todo el tiempo y se le hace sentir que nunca es lo bastante bueno, es probable que internalice una baja autoestima y una autocrítica excesiva. El *logos* puede ayudar a identificar y desafiar los introyectos negativos, permitiendo a las personas desarrollar una mayor conciencia de sí mismas y establecer creencias y valores más saludables y auténticos.

De los millones de personas (espero) que lean este libro, aunque el libro sea idéntico para todos, cada uno lo dotará de un significado, interpretación, uso o juicio de valor distinto. ¿Por qué? Porque cada uno viene de un lugar distinto, ha crecido en una familia con características, tradiciones, valores e historias únicas, cada persona ha tenido experiencias y referencias de vida diferentes, a través de las cuales ha forjado dichas creencias e introyectos que influyen en su modo de percibir las situaciones. De ahí que digan que "lo que te choca te checa", ya que solo podemos interpretar las circunstancias en función de los programas mentales con los que contamos. Si queremos cambiar nuestra interpretación, debemos reprogramar la mente.

Para entender mejor cómo funcionan los filtros mentales voy a ponerte un ejemplo muy revelador, y es que por lo general conocemos mejor nuestros aparatos electrónicos que a nuestra mente, ¿cierto? Entonces imagina que tienes un nuevo teléfono celular, este trae ya ciertas aplicaciones determinadas y estas te permiten decodificar y dar lectura a la información que recibes, sean archivos, mensajes, imágenes, etc. Si un día decides que la aplicación que utilizas para leer tus archivos PDF no es suficiente, no es apta de acuerdo con tus nuevas necesidades, ¿qué harías? Descargarías un nuevo lector de PDF, ¿correcto? Y ahora tendrás dos opciones de aplicaciones cada vez que quieras leer un archivo en este formato, sin embargo, tu celular, acostumbrado a abrir por *default* la app que más has utilizado, tendrá la tendencia a utilizar ese programa para mostrar la información hasta que, después de darle la instrucción en repetidas ocasiones de utilizar la aplicación nueva, entenderá que es tu nuevo lector predilecto y te preguntará: "¿Deseas volver esta tu aplicación determinada?". A lo que responderás que claro, que ya era hora de que le cayera el veinte, darás clic en "sí" y a partir de ese momento la app vieja entrará en desuso y el cerebro de tu celular automatizará el uso de este programa para leer tus archivos. *Capisci?*

Pues ¡listo! Así funciona tu mente. Los programas o apps son tus filtros mentales, y son a través de los cuales leerás, percibirás, decodificarás e interpretarás todo lo que te pase. Estos filtros se van conformando a lo largo de la vida, sobre todo en dos momentos en los que estamos muy receptivos o dicho comúnmente "como esponjas", ya que absorbemos casi todo lo que vemos o escuchamos sin mucho criterio, discernimiento ni juicio: la infancia —alrededor de los cero a los siete años, según Sigmund Freud— y la adolescencia —alrededor de los 12 a los 19 años—.

Durante la infancia se crean los circuitos neuronales, que son una especie de carreteras que se van pavimentando y volviendo más fáciles de transitar a través de la repetición y la memoria. Por ejemplo, si un día escuchas a tu madre comentar con tu tía: "Ay, comadre, es que Panchito no saluda porque es muy tímido", eso generará una conexión en tu mente y un recuerdo en tu memoria, pero si luego lo escuchas también de un maestro el día que te resistes a hacer una exposición frente a tu clase y después tu abuelita te dice que eres muy penoso por no querer cantar la canción de tu película favorita en una reunión familiar, entonces esa conexión se afianza y la memoria se arraiga para convertirse en una creencia que impacta tu autoimagen y autoestima. He visto cientos de casos como este en las personas que se acercan ya de adultos a tomar mi curso "Dile adiós a la timidez" y que, al identificar el origen de su creencia, pueden emprender un camino para desinstalarla y reprogramarse con una más útil.

Es por esto que a todos los papás que dicen que el mejor jardín de niños o kínder es el que esté más cerca de casa o el más accesible económicamente, les pido que lo reconsideren. Es en esta etapa en la que las personas con las que convivan a diario sembrarán y construirán el entramado mental a través del cual su hijo operará el resto de su existencia de manera inconsciente, a menos que más tarde trabaje en hacer conscientes sus creencias limitantes y entonces se comprometa a reconfigurarlas. Elegir bien en esta etapa sentará los cimientos de lo que más tarde podrá construir a lo largo de su vida.

Más adelante, durante la adolescencia ocurre un fenómeno llamado poda neuronal, en donde nuestro cerebro hace una limpia de aquellas memorias o conexiones que ya no utilizamos, para poder fortalecer y agilizar aquellas que sí son fundamentales a través de un proceso de mielinización, en el cual las dendritas o brazos de las neuronas se recubren de mielina, una especie de transmisor que agiliza la comunicación entre ellas reafirmando y automatizando los procesadores o patrones de pensamiento ya instalados. Además, en esta etapa estamos muy receptivos, estamos expectantes a que nuestras figuras de autoridad y pares nos llenen de calificativos para aprender a autodefinirnos y atribuirnos identidades basadas en la mirada ajena.

Todas estas memorias conforman nuestro subconsciente. Joe Dispenza es un autor y conferencista que se enfoca en la neurociencia, la conciencia y la transformación personal. En su trabajo hace referencia a la idea de que aproximadamente 95% de nuestras acciones, emociones y comportamientos son controlados por el subconsciente. En conclusión, podríamos decir que 95% del tiempo actuamos en automático, repitiendo patrones instalados en una etapa muy temprana de la vida. Alarmante, ¿cierto?

Es importante destacar que las ideas de Joe Dispenza se basan en su propio enfoque y perspectiva, y no todos los científicos y profesionales de la salud están de acuerdo con sus afirmaciones en su totalidad, ya que no tiene un fundamento científico respaldado por estudios rigurosos. Sin embargo, es sin duda una aproximación interesante que debemos tomar en cuenta, ya que la neurociencia ha demostrado que el subconsciente influye poderosamente en nuestras acciones y comportamientos. Tomemos en cuenta que cada individuo es único y el grado de influencia del subconsciente puede variar considerablemente. Lo importante es dimensionar la relevancia que los filtros mentales tienen en la construcción de nuestra realidad. Tus creencias forjan tu conciencia. Uno de los enormes riesgos que tiene el no volver conscientes nuestros filtros mentales es que, si solo somos capaces de mirar una versión limitada de la realidad que se ajusta a nuestros programas mentales, entonces el rango de posibilidades se limita y con él nuestra capacidad para elegir. Podemos pasar la vida pensando que una creencia es cierta si no nos atrevemos a cuestionarla.

Un experimento que nos puede ayudar a entender cómo es que nuestra experiencia de vida se vuelve producto de nuestros filtros mentales está en observar nuestro *feed* de alguna red social. ¿Lo haces conmigo? ¡Juguemos!

Comencemos por Instagram. Toma tu celular o tablet y entra a tu perfil, ahora selecciona la lupa que aparece en la parte de abajo, te aparecerán varias sugerencias de publicaciones que podrían interesarte. Instagram las elige en función de tus hábitos de consumo, y con ello el algoritmo automáticamente genera un filtro diseñado en específico para ti, de forma tal que tú pensarás que los temas que a ti te gustan o en los que crees son los que le interesan a la mayoría de la gente y forman parte del *trend* conversacional en ese momento.

La verdad es que… Instagram solo te muestra lo que tú quieres ver. Lo mismo hace Facebook, de los 369 amigos que tienes te mostrará principal o únicamente las publicaciones de aquellos con cuyos contenidos interactúas más, pues Facebook asume que si te muestra lo que es interesante para ti, pasarás más tiempo consumiendo contenidos en la plataforma. Entonces, si tú eres partidario de, supongamos, una teoría de conspiración y buscas contenidos relacionados con ella, de pronto te parecerá que todo mundo habla de ello y que la conversación gira en torno a esa teoría, pero eso no es necesariamente cierto. Así que, si no lo haces consciente, seguirás consumiendo solo contenidos que fortalezcan ese sesgo y afiancen tus creencias.

En pocas palabras, si sigues poniendo tu atención en una creencia, el algoritmo de la vida te atraerá situaciones que funcionen como supuestas evidencias para comprobártela de manera reiterada y esta se fortalecerá.

Carl Jung, psicólogo suizo y uno de los fundadores de la psicología analítica, enfatizó la importancia de hacer consciente lo inconsciente como parte del proceso de individuación y crecimiento personal. Según Jung, el inconsciente contiene aspectos de la psique que no son accesibles a la conciencia, pero que influyen en nuestra forma de pensar, sentir y comportarnos.

Jung argumentó que, al hacer consciente lo inconsciente, podemos integrar y equilibrar los contenidos ocultos de nuestra psique, lo que nos permite alcanzar una mayor autenticidad y plenitud. Para él, el proceso de individuación implicaba la exploración y la integración de los aspectos inconscientes de uno mismo.

Jung desarrolló el concepto de *sombra* para referirse a los aspectos ocultos, reprimidos o no aceptados de nuestra personalidad. Al hacer consciente nuestra sombra, podemos primero aceptarla, luego confrontarla y trabajar en su integración, lo que nos permite convertirnos en seres más completos.

Además de la sombra, Jung también habló de otros aspectos del inconsciente, como los *arquetipos*. Los arquetipos son patrones universales y simbólicos que existen en el inconsciente colectivo y que influyen en nuestra forma de pensar y percibir el mundo. Al hacer conscientes estos arquetipos, podemos comprender mejor nuestras motivaciones, creencias y patrones de conducta —nuestro siguiente factor—.

¿Cuáles son estos arquetipos?
Algunos de ellos, o los más conocidos, son:

1) El arquetipo del héroe: representa el impulso humano de superar desafíos y enfrentar adversidades. Las personas con este arquetipo tienden a tener una actitud valiente, decidida y motivada que las impulsa a lograr grandes metas. En el día a día esto se puede manifestar en alguien que se esfuerza por superar obstáculos en su carrera profesional o que toma la iniciativa para ayudar a los demás en situaciones desafiantes.
2) El arquetipo de la sombra: como dijimos, la sombra representa los aspectos reprimidos, oscuros o no aceptados de nuestra personalidad. Por ejemplo, alguien con una sombra dominante, no integrada, puede mostrar ráfagas de ira o comportamientos destructivos en situaciones estresantes, mientras que alguien que ha trabajado en su sombra puede reconocer estos aspectos y manejarlos de forma más saludable.
3) El arquetipo del sabio: representa la sabiduría, el conocimiento profundo y la búsqueda de la verdad. Las personas con este arquetipo buscan comprender el mundo y su propio ser a través de la reflexión y el aprendizaje continuo. En el día a día esto puede verse en alguien que se dedica a la educación, la investigación o el asesoramiento, y que busca compartir su conocimiento con los demás.
4) El arquetipo del amante: representa la pasión, la intimidad y la conexión emocional. Las personas con este arquetipo valoran las relaciones íntimas y buscan experimentar el amor en todas sus formas. Esto puede reflejarse en alguien que valora y cultiva relaciones emocionalmente significativas, ya sea en el ámbito romántico, familiar o de amistad.
5) El arquetipo del niño interior: representa la parte lúdica, espontánea y creativa de nuestra psique. Es el sím-

bolo de la inocencia y la capacidad de maravillarse. Tener este arquetipo activo puede manifestarse en alguien que encuentra alegría y diversión en actividades creativas, se permite explorar nuevos intereses y mantiene un estado de asombro hacia el mundo.

6) El arquetipo del guerrero: representa la valentía, la determinación y el espíritu de lucha. Este arquetipo está asociado con la fuerza y la capacidad de defender los ideales. En el día a día tener este arquetipo puede manifestarse en alguien que se defiende con firmeza y justicia, defiende sus principios y lucha por lo que considera correcto.

7) El arquetipo del mago: representa la sabiduría mística, la transformación y el poder de la magia. Este arquetipo está relacionado con la capacidad de transformar la realidad y lograr cambios significativos en uno mismo y en el mundo. Esto puede reflejarse en alguien que busca la autorrealización, trabaja en su crecimiento espiritual y tiene una perspectiva amplia y mística de la vida.

8) El arquetipo del bufón: representa el humor, la espontaneidad y la irreverencia. Este arquetipo simboliza la capacidad de encontrar alegría y alivio a través del humor, incluso en situaciones difíciles. Tener este arquetipo activo puede manifestarse en alguien que tiene un sentido del humor agudo, utiliza la risa como una forma de liberación emocional y alivia la tensión en su entorno.

9) El arquetipo del creador: representa la capacidad de generar ideas, innovar y expresar la creatividad. Las personas con este arquetipo son imaginativas y buscan materializar sus visiones en diferentes ámbitos, como el arte, la tecnología o la resolución de problemas. Puede notarse en alguien que encuentra satisfacción en la creación y la expresión de ideas innovadoras.

10) El arquetipo del cuidador: representa la tendencia a preocuparse y cuidar de los demás. Las personas con este arquetipo son compasivas, altruistas y buscan ayudar y proteger a quienes las rodean. Puede reflejarse en alguien que se preocupa por el bienestar de los demás, brinda apoyo emocional y se dedica a ayudar a aquellos que lo necesitan.

11) El arquetipo del explorador: representa el deseo de aventura, descubrimiento y búsqueda de nuevas experiencias. Las personas con este arquetipo son curiosas, valientes y anhelan la exploración de nuevos territorios físicos o mentales. En el día a día esto puede traducirse en alguien que busca constantemente nuevas oportunidades, viaja, se sumerge en diferentes culturas y está abierto a nuevas perspectivas y conocimientos.

12) El arquetipo del rebelde: representa la inclinación hacia el desafío de las normas establecidas y las estructuras de poder. Las personas con este arquetipo tienen una actitud crítica a la autoridad y buscan la libertad y la autonomía. Esto podría ser evidente en alguien que cuestiona las reglas y las convenciones sociales y defiende sus propias creencias e ideales.

Estos son solo algunos ejemplos de los arquetipos según Jung. Cabe destacar que los arquetipos no son roles fijos o definiciones rígidas, sino conceptos abstractos y simbólicos que moldean nuestra percepción, y cada persona puede tener diferentes combinaciones, así como manifestaciones de ellos. ¿Con cuáles te identificas en este momento de tu vida?

Entonces, el objetivo para evitar el sesgo inconsciente a través del cual interpretamos la realidad es ir haciendo cada vez más conscientes nuestros filtros mentales y creencias.

George Polya fue un matemático húngaro conocido por sus contribuciones al campo de la resolución de problemas. Uno de sus conceptos clave son los *patrones de inferencia plausible*, que se refieren a las estrategias mentales que utilizamos para llegar a conclusiones o construir creencias basadas en la información disponible.

Estos patrones de inferencia plausible son utilizados por la PNL para explicar la *lógica abasurada*, como comúnmente le llama, mediante la cual construimos nuestras creencias. La PNL se enfoca en comprender cómo procesamos la información y cómo nos comunicamos con nosotros mismos y con los demás.

- **Inducción:** implica llegar a una conclusión general basada en ejemplos o evidencias específicas. Por ejemplo, si vemos que cada vez que presionamos un interruptor de luz, esta se enciende, podemos inducir que todos los interruptores de luz funcionan igual. Sin embargo, también puede llevarnos a conclusiones incorrectas si nuestra muestra de ejemplos es sesgada o insuficiente. Al reconocer este patrón, podemos cuestionar nuestras generalizaciones y buscar evidencias adicionales para respaldar o refutar nuestras creencias. Por ejemplo, si hemos tenido experiencias negativas con algunas personas de un determinado grupo, como los miembros de una profesión en particular, podemos inducir erróneamente que todos los miembros de ese grupo son iguales. Al cuestionar esta generalización podemos buscar más ejemplos y evidencias para desafiar o modificar nuestra creencia inicial. En resumen, inducir se refiere a atribuir de manera generalizada el atributo o característica de un individuo a toda su especie.
- **Deducción:** consiste en llegar a una conclusión específica a partir de premisas generales. Por ejemplo, si sabemos que todos los mamíferos tienen pelo, y sabemos que los perros son mamíferos, entonces podemos deducir que los perros tienen pelo. Sin embargo, nuestras premisas pueden estar equivocadas o incompletas, lo que lleva a conclusiones incorrectas. Al comprender este patrón podemos examinar críticamente nuestras premisas y buscar evidencias o razonamientos adicionales que las respalden. Por ejemplo, si creemos que todas las personas exitosas son felices, podemos deducir errónea-

mente que una persona exitosa en su carrera también es feliz en su vida personal. Al cuestionar esta deducción, podemos examinar si nuestras premisas son válidas y si hay excepciones o factores adicionales a considerar. Deducir, contrario al proceso de inducción, en el que vamos de lo particular a lo general, consiste en atribuir en automático las características de un grupo o mayoría a un individuo solo por formar parte del mismo.

- **Abducción:** implica inferir la explicación más plausible o probable para una observación o situación, basándonos en nuestra experiencia previa. Por ejemplo, si vemos un charco en el suelo y la hierba mojada, podemos abducir que ha llovido recientemente porque los últimos 10 charcos que hemos visto habían sido producto de la lluvia. No obstante, esta explicación puede no ser la única ni la más precisa. Ese nuevo charco podría tener diversas explicaciones. Al comprender este patrón podemos explorar diferentes hipótesis o explicaciones alternativas y evaluar su validez y coherencia. Por ejemplo, si no encontramos un objeto perdido en nuestra casa, podemos abducir que alguien lo robó. Pero al considerar otras hipótesis posibles, como que lo dejamos en otro lugar por accidente, podemos cuestionar y revisar nuestra abducción inicial para llegar a una conclusión más precisa. A diferencia de la inducción y deducción, la abducción consiste en adelantarnos a generar una conclusión a partir de lo que ya conocemos sin considerar otras variables o posibilidades.

Preguntas de interferencia de la percepción y los filtros mentales

La primera pregunta clave para actualizar tu software y eliminar los *bugs* que te habían estado generando fallas en el sistema hasta ahora es: "¿Qué creencias limitantes sobre mí mismo, sobre los demás, sobre cualquier aspecto de la vida deben cambiar en mí para poder abrirme a nuevas posibilidades?". Y puesto que nuestras creencias se construyen en gran medida a través de las experiencias que vivimos también hay que preguntarse: "¿Qué experiencias podrían ayudarme a cambiar esas creencias?" y "¿Cómo puedo propiciar dichas experiencias?".

Con la finalidad de compartirte mejores recursos para interferir en tus filtros mentales y hacer consciente lo inconsciente, conversé con Omar Fuentes, uno de los especialistas en inteligencia verbal más talentosos de toda Latinoamérica. Omar escribió el epílogo de *La magia de la persuasión* y en esta ocasión nos explica a cabalidad la lógica abasurada y nos propone un modelo de interferencia para cuestionar nuestras creencias.

- **Paso 1:** Identifica la creencia. Por ejemplo: una persona que interrumpe es irrespetuosa.
- **Paso 2:** Cuestiónate: "¿Cuál es la evidencia de aquello que creo?". Aquello que es indiscutible y objetivo. Haz una lista.
- **Paso 3:** Cuestiónate: "¿Es esta evidencia relevante de acuerdo con lo que creo? ¿Es esta evidencia suficiente para afirmar aquello en lo que creo? ¿Es esta evidencia proporcional a lo que creo?".
- **Paso 4:** Identifica la conexión entre la evidencia y la creencia. ¿De qué manera la evidencia A implica la creencia A? Por ejemplo: ¿cómo la interrupción de una persona implica que está siendo irrespetuosa?
- **Paso 5:** Refuta la conexión. Por ejemplo: ¿En qué contextos la interrupción de una persona no implica que esté siendo irrespetuosa?

Ve la explicación completa aquí:

Omar Fuentes

Catalizadores de la percepción y los filtros mentales

Catalizador "el mundo oculto de los sueños"

Jung creía que el proceso de hacer consciente lo inconsciente podía lograrse a través de la exploración de los sueños, la imaginación activa, el análisis de los símbolos y la confrontación de los aspectos reprimidos de nuestra psique en la terapia psicológica. ¿Tú apuntas tus sueños? Podría ser una práctica interesante para empezar a reconocer tu sombra. Sin embargo, no te los tomes demasiado en serio, los sueños son también un proceso neurológico y de limpieza mental mediante el cual el cerebro aprovecha tu descanso para integrar nuevas memorias y aprendizajes, así como para recuperar aquellas que están en desuso actualmente, pero que considera importante revivir y mantener. Para hacerlo necesita crear historias lineales, pues nuestra mente funciona con historias, por lo que hace combinaciones extrañas en las que podrías encontrarte platicando con la persona que conociste hoy solo que en la casa de tus abuelos de cuando eras pequeño, y eso no por fuerza tiene un componente psicológico. No obstante, según lo que aprendí hace poco en el curso Soul Dreaming de Tania Elías, observar elementos y emociones repetitivas sí puede representar símbolos a través de los cuales nuestro inconsciente está tratando de comunicarnos algo. Quizá solo identificaremos y recordaremos esas reincidencias si anotamos nuestros sueños, aun si en ese momento no sentimos que tengan relevancia. Aunque no se trata de redactarlo todo, yo al principio intentaba hacerlo así, hasta que renuncié porque perdía media mañana en ello y mis hijos no podían irse a la escuela sin vestir ni desayunar, ¿verdad? Así que voy a compartirte una guía que nos dio Tania para hacerlo de forma ágil y bajar el sueño del mundo etéreo al mundo físico (es importante que escribas tus respuestas a mano en un cuaderno, no en tu celular, tablet o computadora, es parte del proceso de pasarlo del inconsciente al consciente):

1) ¿Cómo me sentía en mi sueño?
2) ¿De qué color fue mi sueño?
3) Nombra tres elementos clave de tu sueño.
4) Dibújalo.
5) ¿De qué manera mi sueño se refleja en mi realidad y a qué me recuerda?
6) Algo que me dio curiosidad y quisiera explorar más es…

Catalizador "terapias transformadoras"

Cuando estudié la maestría en Desarrollo Humano en 2015, cuyo nombre técnico es Teorías Reeducacionales Multidimensionales, una de las cosas más interesantes que aprendí es que el desarrollo y la evolución de las personas tienen mucho que ver con nuestra capacidad de reeducar a nuestra mente desde una perspectiva multidimensional. Es importante considerar y abarcar todas las dimensiones del ser: física, emocional, cognitiva, social y espiritual. Somos seres integrales y, como veremos más adelante, aunque una enfermedad se manifieste en el plano físico, es decir, en el cuerpo, para poder sanar debemos de hacerlo en todos los niveles y no solo abordando el síntoma. Antes de hablar sobre la terapia como un catalizador para cambiar creencias, necesito abordar dos creencias limitantes en cuanto a la terapia misma:

- **Creencia limitante 1: la terapia es para locos o gente problematizada.**
Nada más lejos de la verdad. Si bien la terapia puede ayudarnos a clarificar y resolver muchos problemas, también es un recurso que debería ser tan obligatorio como la verificación vehicular. Fíjate, en México uno debe someter su coche una o dos veces al año a un proceso para reducir y controlar las emisiones de contaminantes, de manera tal que uno pueda asegurarse de no estar dañando a otros seres vivos y al planeta con su automóvil. Pregunta seria: ¡¿por qué los seres humanos no pasamos por un proceso obligatorio, aunque sea una vez al mes?! Ah, no. Uno puede andar ahí por la vida contaminando todo y a todos con sus emisiones tóxicas y negativas, y nadie le dice nada.

  Muchas enfermedades las podemos prevenir con el uso de cubrebocas, pero ¿qué hay de aquellas actitudes que tienen algunas personas y que sentimos que nos infectan el ánimo? Seguro viene a tu mente alguna persona que se aparece y, nada más de verla y oírla, contagia a todos los presentes con su decadente victimización y nadie le dice nada. Sana distancia deberíamos guardar con aquellos que no van a terapia o no se trabajan a ellos mismos para sanar y optimizar sus recursos. Durante la maestría nos obligaban a seguir un programa terapéutico, por lo menos en lo que duraba esta, y ahí fue cuando empecé. No lo hice antes porque mi mamá tuvo por mucho tiempo la creencia de que si me llevaba a terapia acabaría loca o dependiente de un tercero que me diría en qué pensar y qué hacer. Sin embargo, ella misma venció esa creencia cuando estudió la licenciatura en Desarrollo Humano en el mismo lugar en que yo hice la maestría. Ambas nos dimos cuenta de que, al elegir al facilitador y tipo de terapia adecuados, cada sesión era un espacio de reflexión, desahogo, análisis, introspección, autoconocimiento, una oportunidad para pensar en voz alta y darle la oportunidad a un especialista de confrontar tus introyectos y cuestionar a tu inconsciente, sin ningún interés particular más que ayudarte a sanar y evolucionar. Un lugar seguro para mirar los miedos, las dudas y las sombras de frente, sin ser juzgado, y para expresar lo que uno tiene atorado antes de que crezca y se infecte. Desde entonces procuro ir al menos dos veces al mes. Hay veces que estoy a punto de cancelar porque pienso que no hay nada mal ni nada que resolver, pero no cancelo la cita y, cuando llego, una pregunta basta para hacer evidentes situaciones o emociones que no había tenido tiempo de mirar ni examinar. Otras veces me autosaboteo diciendo que no tengo tiempo, cuando en realidad lo que tengo es miedo de mirar una sombra que prefiere permanecer oculta.

- **Creencia limitante 2: a la terapia se va a analizar los traumas y daños que uno ha sufrido para poder justificar sus errores presentes y futuros.**

  ¡No! Por favor, ¡no! Desde mi punto de vista el ser humano pierde demasiado tiempo hurgando en el pasado en lugar de comprender que el pasado no te define... si lo haces consciente. Entonces, conocer tu pasado o reconocer a tus antepasados no tiene la finalidad de darte heridas que lamer, razones para victimizarte, amargarte o cultivar el rencor. No se trata de averiguar lo que te hizo tu abuelo o tu compañero de kínder para poder reclamarles eternamente y tirarte a la lona. Bueno sí, ok, te lastimaron, practica la compatía, hazte cargo de ti mismo y sigue adelante. Sin embargo, reconocer ese tipo de experiencias y situaciones puede ayudarte a identificar tus filtros de pensamiento y entender tus comportamientos, con la intención de hacerlos conscientes y poder hacer alquimia. Conocimiento es poder, pero solo cuando se usa para transformar tu realidad de acuerdo con tus objetivos y deseos.

Ahora sí, mencionamos que una buena terapia empieza por elegir el proceso y al facilitador adecuados, ¿cierto? Te dejo por aquí una pequeña guía con algunos tipos de acompañamientos terapéuticos y otras consideraciones para elegir bien. Prueba y, si no te sientes cómodo, intenta con otro, disfruta el camino. Y si por ahora no puedes solventarlo económicamente, considera una terapia de grupo que es mucho más barata, o proponle al terapeuta un intercambio. Tal vez no tienes dinero, pero ¿qué talento o recurso tienes que pudiera aportarle valor? Muchos de ellos estarán gustosos de aceptar el intercambio y propiciar un ganar-ganar, inténtalo.

Existen varios enfoques y tipos de terapia dentro del campo del desarrollo humano. A continuación mencionaré algunos de los enfoques terapéuticos más conocidos y utilizados:

1) **Gestalt:** la terapia Gestalt puede ser útil para una amplia gama de problemas y trastornos emocionales, así como para aquellos que deseen explorar y desarrollar su autoconciencia y crecimiento personal. También puede ser beneficioso para aquellos que buscan un enfoque experiencial y centrado en el presente para el cambio terapéutico.
2) **Cognitivo-conductual (TCC):** se enfoca en identificar y cambiar los patrones de pensamiento y comportamiento disfuncionales. Se trabaja en la modificación de las creencias y la promoción de habilidades y estrategias para enfrentar los desafíos. La TCC se ha utilizado ampliamente para tratar trastornos como la depresión, la ansiedad, las fobias, el trastorno de estrés postraumático y los trastornos de la alimentación. También puede ser eficaz en el manejo del estrés, la ira, los problemas de relación y otras dificultades emocionales y de comportamiento.

3) **Humanista:** incluye enfoques como la terapia centrada en el cliente de Carl Rogers y la psicoterapia existencial. Se enfoca en el crecimiento personal, el desarrollo del potencial y la mejora de la autoestima. Puede ser útil para personas que buscan un espacio seguro y de apoyo para explorar su identidad, encontrar un sentido de propósito y trabajar en su autorrealización.
4) **Psicodinámica:** se basa en los principios de la psicología psicoanalítica de Sigmund Freud. Se busca aumentar la conciencia de los patrones inconscientes y promover cambios en el pensamiento y el comportamiento. Puede ser adecuada para aquellos que deseen explorar y comprender los conflictos internos que pueden estar afectando su vida y relaciones. Se ha utilizado en el tratamiento de trastornos de personalidad, trastornos del estado de ánimo y otras dificultades psicológicas en las que los aspectos subconscientes y pasados pueden desempeñar un papel significativo.
5) **Narrativa:** se enfoca en la construcción de narrativas personales y la reinterpretación de las historias de vida. Se trabaja en la reconstrucción de la identidad y el significado de las experiencias, promoviendo la resiliencia y el crecimiento. Puede ser útil para personas que luchan con problemas de identidad, trauma, pérdida, adicciones y otros desafíos donde la reescritura de la narrativa personal puede proporcionar un sentido de vida renovado y fortaleza.
6) **Transpersonal:** esta es una de mis favoritas. Se trata de un enfoque terapéutico que va más allá de los aspectos individuales de la persona para incluir dimensiones más amplias de la experiencia humana, como la espiritualidad y el sentido de trascendencia. Se basa en la idea de que el ser humano es más que su identidad personal y que tiene un potencial más profundo y expansivo. Esta terapia se recomienda para aquellos que buscan una comprensión más profunda de sí mismos y de su cone-

xión con el mundo y la realidad más amplia, así como para aquellos que experimentan una búsqueda de sentido, una crisis espiritual o un despertar espiritual.

Es importante encontrar un terapeuta transpersonal calificado y de confianza, ya que este enfoque terapéutico implica trabajar con aspectos más sutiles de la experiencia humana. Un terapeuta transpersonal puede guiar adecuadamente el proceso de exploración y transformación personal a través de prácticas como la meditación, la visualización y el trabajo con sueños, brindando un espacio seguro para la integración de la espiritualidad y el crecimiento personal en el proceso terapéutico.

7) **Constelaciones familiares:** es un enfoque terapéutico, desarrollado por Bert Hellinger, que busca comprender y sanar las dinámicas familiares y sistémicas que pueden afectar nuestra vida y bienestar. Se basa en la idea de que las experiencias y los patrones de comportamiento se transmiten a través de las generaciones y que existen lealtades invisibles dentro de las familias. En una constelación familiar se crea un espacio donde los participantes pueden representar a miembros de la familia o elementos simbólicos, permitiendo revelar y explorar las dinámicas ocultas, identificar soluciones y trabajar hacia la reconciliación y la sanación. Se recomiendan en una amplia variedad de casos como conflictos familiares, problemas de relación, traumas heredados, patrones repetitivos de comportamiento, pérdidas y duelos, dificultades emocionales y bloqueos personales. También pueden ser útiles para aquellos que buscan comprender y liberarse de cargas emocionales y lealtades invisibles que pueden estar afectando su bienestar. Con la guía de un constelador profesional se puede constelar en grupo, de manera individual, utilizando muñecos o incluso caballos. Te recomiendo probarlo ya que cualquier cosa que pueda explicarte se quedaría corta ante la magia de la experiencia.

8) Hipnoterapia: es un enfoque terapéutico que utiliza la hipnosis como herramienta para facilitar la exploración y el cambio en la mente subconsciente de una persona. Durante una sesión de hipnoterapia el terapeuta guía al individuo hacia un estado de relajación profunda y enfoque interno, donde se puede acceder a las emociones, los recuerdos y los patrones de pensamiento subconscientes. La hipnoterapia se recomienda en una variedad de casos, incluyendo el manejo del estrés, la ansiedad y los trastornos del estado de ánimo, así como para abordar hábitos no deseados como el tabaquismo, la mala alimentación o el insomnio. También se utiliza en el tratamiento de traumas y fobias, así como para fortalecer la autoestima y el autocontrol. La hipnoterapia puede ayudar a desbloquear y resolver conflictos internos, mejorar la motivación y la concentración, y fomentar un cambio positivo en diferentes áreas de la vida.

Es importante destacar que la hipnoterapia debe ser realizada por un terapeuta capacitado y con experiencia en el uso ético y responsable de la hipnosis. Además, no es adecuada para todas las personas y no reemplaza otros enfoques terapéuticos.

En el capítulo 4, "Rómpase en caso de incendio", encontrarás una explicación más detallada sobre este tipo de proceso terapéutico en el que Esperanza Downing, certificada como Terapeuta de Transformación Rápida a través de la hipnosis, te guiará para conocer sus aplicaciones y beneficios.

Aspectos importantes a considerar para elegir un buen terapeuta para ti:

1) ¿Te sientes en confianza con esa persona? ¿Se siente bien hablar con él o ella? Confía en tu intuición. Si no estás convencido, prueba con otra persona.

2) Un terapeuta escucha, espejea, cuestiona, confronta, etc., pero no te dice qué hacer. Un buen terapeuta buscará tu autonomía, y no que dependas de él para tomar decisiones. Por ello, fomentará procesos que te ayuden a escucharte y confiar en ti mismo.

3) Un buen terapeuta te llevará en muchos casos a contactar con momentos complicados de tu vida y te acompañará para atravesar el dolor, pero si notas que no te guía para superarlo, te tiene estancado únicamente analizando tus heridas y te das cuenta de que fomenta en ti resentimiento hacia quien "te lastimó", y con ello te hunde en la victimización en lugar de impulsarte a superarlas, cambia de terapeuta, no te atores. Recuerda que la intención de la terapia es conocerte para crearte, no conocerte para destruirte.

4) Un buen terapeuta no debe contarte chismes ni casos de otros pacientes revelando su identidad. El que habla de otros contigo, hablará con otros de ti.

5) Un terapeuta profesional y ético puede ser o no amigable, pero no debe convertirse en tu amigo y mucho menos en tu pareja. Si la relación cambia de estatus, termina con el proceso terapéutico, porque la mirada de un buen terapeuta debe ser objetiva y neutral, y si se involucra en tu vida, dejará de serlo así.

6) Precisamente porque un terapeuta solo tiene tu versión de la historia y no es capaz de ver el panorama completo, jamás debe sembrar en ti semillas de rencor u odio hacia tus seres queridos solo porque opina que no son aptos para ti. Recuerda, no los conoce, no está enterado de su parte de la historia, no es tu consejero y no debe elegir por ti. Si a partir del proceso terapéutico y de un acompañamiento consciente tú mismo llegas a la conclusión de que es mejor alejarte de alguien, asegúrate de que fue una decisión lo menos incitada o sesgada y lo más objetiva posible.

7) Un terapeuta jamás debe juzgar tus creencias, por eso buscar a alguien que comparta el mismo dogma o corriente espiritual que tú, o al menos lo comprenda y sea respetuoso ante tu fe, sería conveniente, sobre todo cuando se trata de una terapia transpersonal.

Alquimia para llevar

Cuando las sensaciones se convierten en percepciones, personalizamos la experiencia y la dotamos de características únicas de acuerdo con nuestro mundo interno.

FACTOR 6 DIÁLOGO INTERNO

Después de que el proceso de percepción organiza y otorga un significado a las situaciones que vivimos, comenzamos a contarnos historias sobre lo que según nuestro cerebro estamos viviendo, y entonces etiquetamos lo que nos pasa como bueno o malo, frustrante o motivante, éxito o fracaso, fortuna o tragedia, etc. Ya habíamos dicho que la historia que nos contamos sobre las cosas importa, y es en esta etapa del proceso que esa historia comienza como diálogo interno. Es importante destacar que la mayoría de esas historias son resultado de algo a lo que llamamos *patrones de pensamiento*, es decir, formas de pensar habituales a las que nos hemos acostumbrado y dan pie a un diálogo interno conformado por pensamientos inconscientes o predeterminados. Son como esas melodías pegajosas que se te meten en la cabeza y no puedes sacar. Pero en lugar de tararear una canción, estos patrones se meten en tu mente y te hacen actuar de cierto modo una y otra vez.

Por ejemplo, ¿recuerdas que cuando se abrieron los filtros mentales o creencias de Pedro sobre defender su dignidad en automático empezó a decirse a sí mismo que no iba a permitir que nadie le hablara de esa manera? Muy probablemente Pedro estaba acostumbrado a pensar así, ni siquiera cuestionó si existían otras posibilidades y no le dio lugar al *logos*.

Y ¿qué tipos de patrones de pensamiento existen?

Son tantos como mentes hay en el mundo, pero me tomé la libertad de simplificar algunos, agruparlos y renombrarlos para que puedas identificarlos y recordarlos con más facilidad. Aquí hay algunos de ellos para que te puedas dar una idea de aquello a lo que me refiero.

Las primeras de las que hablaré son *distorsiones dicotómicas*. También conocidas como pensamiento polarizado o pensamiento en términos absolutos, son patrones de pensamiento que simplifican la realidad al dividirla en categorías extremas y opuestas, sin reconocer o considerar las posibilidades intermedias. Aquí van dos que resumen las más comunes, te las explicaré en mis palabras y con nombres nuevos que te ayuden a recordarlas:

1) **El "todo o nada":** implica ver las cosas en términos extremos, sin matices ni opciones intermedias, en blanco y negro, sin escala de grises. Ejemplo: "Si no obtengo una calificación perfecta, soy un completo fracaso". Es el típico que juzga con dureza las situaciones como absolutamente buenas o malas. Es también la tendencia a asignar etiquetas negativas o positivas a uno mismo o a los demás basándose en un solo aspecto o comportamiento. Por ejemplo, si una persona comete un error, puede etiquetarse a sí misma como "incompetente" en general, sin reconocer sus otras habilidades y cualidades positivas. Este tipo de patrón lleva continuamente a disyuntivas forzadas en donde la persona se estresa

teniendo que elegir entre solo dos opciones extremas, sin reconocer otras alternativas posibles. Por ejemplo, alguien puede pensar que solo puede elegir entre quedarse en un trabajo que odia o renunciar sin tener otro empleo asegurado, sin considerar la posibilidad de buscar opciones de empleo alternativas o hablar con su empleador sobre mejoras en su situación laboral.

2) **La fruta podrida:** ¿has notado cómo cuando pones una fruta podrida en el frutero junto con todas las demás, esta acelera el proceso de putrefacción de las otras? Este tipo de pensamiento es así, consiste en tomar una única experiencia o ejemplo negativo y aplicarlo a todas las situaciones llevándolo al extremo de la generalización. Ejemplo: "Fracasé en esta relación, por lo tanto, nunca encontraré el amor verdadero". Otro ejemplo: una persona puede pensar que si no logra alcanzar la perfección en una tarea, es un completo fracaso, sin considerar los avances o logros parciales que haya tenido. O si tiene una mala experiencia en una entrevista de trabajo, puede generalizar y creer que siempre fracasará en las entrevistas futuras, sin considerar otros factores o la posibilidad de éxito en otras oportunidades.

Las *distorsiones cognitivas* son patrones de pensamiento irracional o sesgado que afectan nuestra forma de interpretar la información. Estas distorsiones pueden conducir a pensamientos negativos, emociones desadaptativas y comportamientos poco saludables. A continuación, describiré algunas de las distorsiones cognitivas más comunes, puestas en mis palabras:

1) **La víctima desdichada:** se caracteriza por enfocarse en lo negativo, anticipar lo peor y tener una visión pesimista de las situaciones. Ejemplo: "Nada me sale bien. Siempre fracaso en todo lo que intento", "Todo me pasa", "Nadie me quiere, todos me odian, mejor me como un

gusanito" (Disculpa pero perdona, me dejé llevar por la canción, recuerda que son las 5 a.m.). También ocurre cuando nos centramos únicamente en los aspectos negativos de una situación e ignoramos o descartamos los aspectos positivos. Ejemplo: "Aunque he recibido varios cumplidos, una sola crítica arruina todo".

2) **El paranoico catastrófico:** es la tendencia a exagerar los posibles resultados negativos de una situación y anticipar el peor escenario posible. Ejemplo: "Si fallo en esta presentación, arruinaré toda mi carrera".
3) **El "siempre yo":** implica atribuir excesivamente los eventos externos a uno mismo, asumiendo que todo lo que sucede es por culpa propia. Ejemplo: "Si mis amigos no me invitan es porque no les agrado". Este patrón de pensamiento es el clásico de los que se toman todo personal. Les dices: "Oye, ¿ya viste que se fundió el foco?", y automáticamente te responden justificándose: "Yo no tengo nada que ver, yo ni había estado aquí, es más, yo ni siquiera uso luz eléctrica". Suelen asumir la responsabilidad personal y culparse por eventos o situaciones externas fuera de su control. Por ejemplo, si alguien cancela una cita, esta persona puede pensar que es su culpa y que no es lo suficientemente interesante o valiosa.
4) **El "te lo dije":** tiende a filtrar o distorsionar la información de manera selectiva para que se ajuste a sus creencias o expectativas preexistentes. Por ejemplo, si una persona tiene una baja autoestima, puede filtrar las interacciones sociales y solo prestar atención a los comentarios negativos o interpretar de forma negativa las acciones de los demás, poniendo atención solo a aquello que refuerce una idea que ya tenía, para poder decirse a sí misma o a los demás: "Te lo dije".
5) **El mentalista:** tiende a asumir que conocen los pensamientos y las intenciones de los demás sin tener evidencia clara. Por ejemplo, si alguien no responde a un men-

saje de texto, una persona puede interpretarlo como "Me está ignorando" o "No le importo", sin considerar otras posibilidades como distracciones o falta de acceso al teléfono. Corresponde también a las personas que dejan de escuchar lo que se les dice pues asumen que ya saben de qué va o qué es lo que el otro les quiere decir. Desde luego, da pie a muchos malentendidos.

6) **El "debería":** se basa en imponer expectativas inflexibles sobre uno mismo y los demás, creando una sensación de presión y culpa. Ejemplo: "Debería ser perfecto en todo momento", "Debería gustarles a todos", "Debería haber hecho las cosas de forma distinta".

Se trata solo de algunas de las distorsiones cognitivas o patrones de pensamiento más comunes. Reconocer estas distorsiones en nuestros pensamientos y cuestionarlos nos ayuda a desarrollar un pensamiento más realista, flexible y adaptativo, lo que a su vez contribuye a una mejor salud mental y bienestar emocional.

El diálogo interno ocurre siempre y la mayor parte del tiempo es inconsciente. Este puede estar influenciado por lo que ocurre en nuestro mundo exterior, nuestro mundo interior o nuestros procesos fisiológicos, por ejemplo, tener mucha hambre puede hacer que te cuentes la historia de que estás muy enojado por lo que está haciendo la persona de enfrente cuando en realidad esa molestia proviene de tu interior.

También parece a veces que esa voz dentro de nuestra cabeza tuviera distintas personalidades, ¿te pasa? Y no, no es esquizofrenia. Es como si a veces nos habláramos con la voz de una madre paciente y amorosa, otras veces con la voz de un jefe autoritario y criticón, otras como un viejo sabio o una bruja poderosa. Yo he jugado a ponerles nombre y pensar en ellas como personajes, por ejemplo, la voz del sabio en mi cabeza se llama Merlín, y es curioso pero la percibo como si tuviera energía masculina. Tal vez te parezca raro si nunca le habías puesto atención a esto o te lo habías cuestionado. Pero a partir de ahora empezarás a notarlo inevitablemente, verás qué divertido es identificarlas y pensar: "Mira, ya está hablando Lucy, la niña inocente y mimada", o "Ya apareció la jueza que siempre tiene que defender su punto de vista, argumentar y tener la razón".

¿Y por qué pasa esto? Bueno, pues para hablarnos más a fondo sobre aquello a lo que él llama "los tres mundos de la experiencia" y sobre las voces internas invité a sumarse a la conversación a Owen Fitzpatrick, psicólogo, conferencista, creador del pódcast *Changing Minds* y del Charisma Bootcamp, y autor internacional de bestsellers como *How to Build a Successful Life, How to Take Charge of your Life, Conversations with Richard Bandler, The Charismatic Edge, Not Enough Hours, Memories: Hope is the Question.*

Escúchalo aquí:

Owen Fitzpatrick

El riesgo de no hacer consciente nuestra voz interna y convertirnos en víctimas de nuestros patrones de pensamiento es que podemos quedar atrapados en patrones negativos, limitantes o autodestructivos, pero hay otro aún más peligroso y es no comprender el poder y la energía detrás de las palabras que decimos o pensamos.

¿Recuerdas que mencionamos que *logos* también significa discurso o palabra? El Antiguo Testamento menciona que Dios creó al mundo a través de la palabra: "Y dijo Dios: Sea la luz; y fue la luz" (Génesis 1:3).

También se supone que estamos hechos a imagen y semejanza de Dios, esto quiere decir que creamos nuestro mundo a través de las palabras que usamos, y da igual si esas palabras se expresan o solo se piensan, son energía en nuestro interior con vibración que resuena contra nuestras células y que irradia a nuestro alrededor impactando nuestro entorno y a los seres que nos rodean. Por ello, palabras y pensamientos son lo mismo, los pensamientos son comunicación intrapersonal, son nuestro diálogo interno.

La diferencia principal entre los patrones de pensamiento del diálogo interno predeterminado y los pensamientos conscientes o *logos* está en el lugar en donde suceden. El diálogo interno predeterminado ocurre al nivel del cerebro, de nuestra computadora programada —podríamos llamarle mente circunscrita, un término que heredé de Deepak Chopra—; en cambio el *logos* proviene en muchos casos de la mente o conciencia no circunscrita, a la que me gusta llamar "el búho".

¿Por qué le llamo así? Te cuento...

Imagina que es de noche, estás desprotegido, en medio de una tormenta eléctrica tan intempestiva que no puedes ver a más de un metro frente a ti, ¿cómo te sientes? Quizá vulnerable, con miedo, lleno de incertidumbre, estresado... Ahora recuerda cómo se ve una tormenta a la distancia, ¿te ha pasado que vas en la carretera y notas que a kilómetros de ti está cayendo una lluvia torrencial? Se ve espectacular, se ve incluso ¡ordenada y hermosa! No hay caos, cada gota toma su distancia, tiene una dirección perfecta, cae en armonía; los relámpagos se ven imponentes y hermosos, es un espectáculo... claro, porque estás lejos, y desde lejos puedes observar en paz y apreciar sin miedo ese fenómeno, ya que te sientes a salvo.

Ahora imagina que pudieras observar cada reto o circunstancia de la vida con esa distancia, en donde el sentirte seguro y a salvo te permita ser más objetivo, crítico e incluso observar la perfección en el aparente caos y disfrutarla. Para eso es el *búho*.

Visualiza al búho parado sobre una rama firme de un árbol frondoso y enorme, mirando desde un nivel más alto lo que acontece debajo de él, sin sentirse vulnerable o involucrado. Esto le permite observar las cosas desde otra perspectiva, desde una de mayor sabiduría. Inteligencia y sabiduría no son lo mismo. La inteligencia es la capacidad de la mente circunscrita para entender y solucionar problemas desde los recursos que tiene. La sabiduría es la capacidad de la mente no circunscrita para comprender incluso aquello que no entiende, observar su perfección, soltar con fe y aconsejar a la mente circunscrita desde el amor incondicional y la compatía. Invocar al búho es invocar una mirada más alta entendiendo que, aunque en ese momento nuestra persona o personalidad, que lleva un nombre y tiene un cuerpo definido, podría estar aparentemente en riesgo o sintiendo dolor, en realidad el alma siempre está a salvo y es quien orquesta esa sinfonía para poder experimentar algo, aprender y evolucionar.

Los ojos ven, pero no pueden verse a sí mismos, pues nos sirven para acceder al mundo fuera de nosotros. De la misma forma el cerebro nos sirve para procesar los estímulos externos o internos, aunque difícilmente puede procesarse a sí mismo. Igual que una computadora no puede programarse a sí misma. Por ello, cualquier cambio a nivel mental debe ocurrir desde la conciencia no circunscrita o *logos* y no meramente desde el cerebro. Cuando el cambio ocurre desde la conciencia, esta activa los mecanismos e interruptores para generar los cambios a nivel mental. De este modo, a través de la atención consciente podemos alternar la mirada entre nuestra mente circunscrita y la no circunscrita para convertirnos en cocreadores de nuestra existencia.

Preguntas de interferencia para invocar al búho

- ¿Qué haría el amor en este momento?
- ¿Cómo el amor le respondería a esta persona o actuaría frente a esta circunstancia si supiera que todo es perfecto?
- ¿Qué más es posible para mí que no he podido visualizar o comprender hasta ahora?
- ¿Cómo puedo valorar esta situación aun sin entenderla?
- ¿Qué puedo agradecer de esto para poder valorarlo?

- ¿Qué, como alma, necesito aprender sobre esto para poder evolucionar? ¿Para qué ______________ (TU NOMBRE AQUÍ) lo está experimentando?
- ¿Qué consejo me daría a mí mismo si no me sintiera en riesgo, con miedo o vulnerable?

Preguntas de interferencia para el diálogo interno

Si la historia que te estás contando sobre esta situación no te está haciendo sentir bien o no te permite manifestar los resultados que deseas, entonces cambia la narrativa.

- ¿Qué otra historia podría contarme sobre esta misma situación?
- ¿Cómo la narraría si mi intención fuera reírme de ella y reducirla al absurdo?
- ¿Cómo la narraría si fuera un anciano sabio que ha aprendido de ella y quiere transmitirla a sus discípulos?

¡Cambia la trama y acaba con el drama!

Catalizadores del diálogo interno

Catalizador "papelito habla"

Lleva un diario en el cual anotes al final del día cuáles fueron:

- Las frases o dichos que usaste.
- Los temas de conversación que abordaste.
- Pensamientos repetitivos que tuviste.
- Palabras con las cuales definiste lo que hiciste.
- Palabras con las cuales te definiste a ti mismo.

A partir de ahora observa las palabras que eliges para describir las cosas, situaciones y personas que te rodean. Piensa en tus palabras y pensamientos como hechizos que, en el instante en que los piensas o enuncias desatan todo un proceso de creación. Si así fuera, ¿pensarías lo que piensas?, ¿te expresarías como te expresas? Porque... la verdad es que así es.

Catalizador "pronoia"

Voy a hablarte del catalizador más poderoso de todos, uno que influye en cómo vemos y experimentamos la vida, uno capaz de llevar la compatía a su máxima expresión, uno capaz de mostrarnos el valor en todo lo que existe y de agradecer incluso lo que parece malo o desafortunado en nuestra vida, para poder dirigir nuestro diálogo interno y convertirlo en narrativas e historias que nos funcionen mejor. Es la raíz de aquello a lo que llamo inteligencia existencial. Es decir, nuestra capacidad para vivir y existir de manera inteligente. ¿Estás listo para descubrir de qué te hablo?

De nuevo suenan los redobles, la gente murmulla, el corazón se acelera y frente a nosotros, iluminada por su propio y deslumbrante brillo, aparece la... PRONOIA.

¿Cómo, no habías oído hablar de ella? Pero seguro has escuchado hablar de la paranoia, ¿cierto? ¿Cómo definirías a un paranoico? A ver si coincides con las respuestas de las personas a las que les he hecho la misma pregunta durante mis cursos y conferencias:

- "Alguien que tiene miedo de todo y se deja paralizar por este miedo".
- "Una persona que piensa que si algo puede salir mal, va a salir mal".
- "Aquel que se siente perseguido y acechado".
- "Aquella persona que siente que todo mundo quiere hacerle daño o traicionarla".
- "Alguien que piensa que el universo y la gente conspiran en su contra y que Dios, básicamente, lo odia".

Un paranoico es una persona que padece SCDVD: el síndrome crónico degenerativo de la víctima desdichada. No, no te molestes en investigar este padecimiento porque si bien siempre ha existido, el nombre lo acabo de inventar. Suena como algo serio, incurable y mortal, ¿verdad? Sí, así pasa: las víctimas acaban muertas en vida.

Pero ser víctima ya no está de moda. Y la buena noticia es que la pronoia es ese catalizador que te servirá de antídoto ante el veneno de la victimización. La pronoia es lo contrario a la paranoia. Un pronoico es una persona que convierte el miedo en un aliado, en un propulsor, y hace lo que tiene que hacer, aun sintiendo miedo, porque sabe que todo va a salir bien y nada puede salir mal, pues "bien" y "mal" son solamente calificativos que nos inventamos para describir circunstancias que nos parecen agradables o desagradables, y sabe que toda circunstancia, como es, es perfecta. Que está seguro en todo momento.

No se trata de un optimista iluso engañado por el pensamiento mágico, sino más bien de un alquimista capaz de transformar cualquier situación, por más tóxica e irritativa que parezca, en una enseñanza, en una oportunidad para aprender y evolucionar. En lugar de pensamiento mágico, el pronoico conoce la fuerza y la magia que es capaz de crear a través de su pensamiento. Justo al revés: primero ocurre el pensamiento y luego la magia.

El pronoico tiene claro que su lugar en este mundo y en esta vida no es una coincidencia; que su propósito es único y que solo él tiene ese "no sé qué que qué sé yo" para cumplir con su misión; pero que no está solo, que el universo conspira a su favor y Dios (o como cada quien le llame a esa fuerza superior) es su principal socio y aliado. El pronoico no es un ingenuo, iluso e inocente que piensa que nadie quiere hacerle daño, no. Él o ella sabe que allá afuera habrá personas que, engañadas por el miedo, la falsa sensación de separación, un pensamiento de escasez que los lleva a competir para arrebatarle al otro lo que suponen que les pertenece o cualquier complejo similar, buscarán dañarlo consciente o inconscientemente. Pero el pronoico transformará con sabiduría a esta persona en un maestro que, lejos de dañarlo, le regalará la lección más valiosa de su existencia.

Y sobre este tema tan apasionante y revelador de la pronoia hablo con profundidad en mi audiolibro *Feliz, ¿como lombriz?: la magia de convertir la mierda en abono*. Para poder crear alquimia con nuestro pensamiento y llevar el Método de Transmutación de Realidades al siguiente nivel es indispensable que lo escuches ahora, así que pausa por ahora la lectura de este libro y descarga el audiolibro (no existe en texto, solo en audio, ya escucharás por qué), dura casi dos horas, así que en un ratito de tráfico o en un trayecto te lo echas de volada. Lo vas a disfrutar muchísimo, y cuando lo termines de escuchar entenderás por qué te recomendé oírlo antes de seguir. Por lo pronto, puedo adelantar que nos servirá para reafirmar, potenciar y profundizar en muchos de los catalizadores y factores de interferencia que hemos explicado hasta ahora.

Puedes conseguirlo aquí o tecleando mi nombre en cualquier app de audiolibros como Audible, Play Libros, Audioteka, Kobo o Penguin Books:

**Feliz, ¿como lombriz?:
la magia de convertir
la mierda en abono**

En serio, no continúes hasta no escucharlo, hazme caso.

Yo sé lo que te digo, ¡no sigas!

Bienvenido de regreso y, sobre todo, ¡bienvenido al maravilloso mundo de la pronoia! Acabas de descubrir el máximo catalizador.

Como nuestro diálogo interno dictará la manera en que nos sentimos frente a lo que vivimos, por eso vayamos al siguiente factor.

Alquimia para llevar

"Si en cinco años vamos a reírnos de esto que nos está sucediendo, ¿por qué no empezamos desde ahora?" —Richard Bandler

FACTOR 7 SENTIMIENTOS

Nuestro diálogo interno tiene el poder de afectar nuestro estado emocional y hacer que una emoción se atenúe o intensifique, o se prolongue en lugar de mitigarse. También si es que habíamos saltado de los estímulos y sensaciones directo a la percepción sin pasar por las emociones, en este punto el diálogo interno puede generar emociones nuevas, que se tratan de sentimientos. Los sentimientos son la versión psicológica de las emociones, y como dije, pueden ser resultado de la manera en la que las interpretamos para darles sentido y de las historias que nos contamos. Las emociones se refieren a respuestas automáticas y reactivas que experimentamos en relación con estímulos específicos. Por otro lado, los sentimientos son una experiencia subjetiva y consciente de ellas. Son el componente cognitivo y subjetivo de una emoción. Por ejemplo, sentir miedo puede dar lugar a un sentimiento de inseguridad o sentir alegría puede derivar en un sentimiento de gozo.

En 1984 Ross Buck les llamó a los sentimientos sistema emocional cognitivo, que a diferencia del sistema emocional biológico, sí involucra un procesamiento intelectual. Un año después Robert Plutchick dijo que son una cadena de acontecimientos que se retroalimentan porque, claro, el proceso interpretativo de los sentimientos genera la producción de nuevas emociones que a su vez serán interpretadas por el pensamiento y convertidas en sentimientos.

Entonces ya sabemos que no debemos juzgar las emociones como buenas o malas, ya que todas tienen una función adaptativa o evolutiva, y tratar de controlarlas sería una forma de juzgarlas, calificarlas y callarlas. Las emociones no se tocan, se escuchan, se atienden, se cuestionan y se permiten fluir. Lo que se debe buscar controlar o regular es su interpretación y el diálogo que las alimenta, para evitar distorsionarlas o exacerbarlas hasta sacarlas de contexto o convertirlas en crónicas y dañinas.

Pero ¿cómo identificar los sentimientos según el diálogo interno que los desata?

Para poder identificar el diálogo interno que podría acompañar a cada emoción y convertirla en sentimiento me inspiraré en los textos de Lucila Rosa Mejía Londoño, autora de *Descubre el poder de tus emociones*, así como en *Universo de emociones*, del doctor Rafael Bisquerra y Eduard Punset.

✦ **Alegría:** cuando la alegría aparece te dices a ti mismo que el mundo te sonríe, encuentras argumentos para festejar, compartir y rodearte de otras personas, te sientes entusiasmado, te dices que lo que pasó es agradable y te trae beneficios, y te cuentas cualquier historia que te impulse a repetirlo.

  A través del diálogo interno puede convertirse en un sentimiento de armonía, equilibrio, plenitud, gozo, satisfacción, bienestar, placidez, serenidad, relajación, calma, euforia, diversión, éxtasis, estado de *flow*, optimismo, entusiasmo, regocijo, júbilo, deleite, gusto, alivio, etcétera.

✦ **Ira:** cuando aparece, te dices que esa persona o circunstancia te agrede con su forma de actuar, que ataca y pone en peligro a quienes te importan y eso es inaceptable, que no te vas a dejar y que debes luchar, pelear con fuerza, castigar o acabar con aquel o aquello que te la desencadena.

A través del diálogo interno puede transformarse en un sentimiento de antipatía, molestia, impotencia, indignación, odio, furia, rencor, hostilidad, resentimiento, fastidio, despecho, envidia, cólera, etcétera.

- **Tristeza:** cuando la piensas te dices que perdiste a una persona o cosa importante y valiosa para ti, te cuentas que será doloroso y que la extrañarás. Buscas revivir situaciones y recuerdos con esa persona o cosa, declaras que la extrañas y que te hará falta.

  Mediante el diálogo interno puede transformarse en un sentimiento de nostalgia, melancolía, desaliento, amargura, agonía, pena, pesar, aflicción, resignación, desilusión, duelo, etcétera.

  Sin embargo, si la tristeza ha echado raíz en tu vida y sientes que te incapacita, debes saber que la tristeza crónica y mal manejada puede reconfigurar tu cerebro y convertirse en una patología a la que conocemos como depresión, de la que hablaremos en el capítulo 4, "Rómpase en caso de incendio".

- **Miedo:** puede hacerte pensar que algo o alguien va a hacerte daño, atentar contra tu integridad o que corres el riesgo de perder algo que te importa, por lo cual te lleva a contarte la historia de que debes actuar para protegerte. Te dirás que debes estar en alerta y te contarás cualquier argumento que te ayude a convencerte de que no quieres aquello que te produce miedo, y así activar todos los mecanismos necesarios para evitarlo y huir de ello.

  Con el diálogo interno puede transformarse en un sentimiento de pavor, terror, temor, horror, susto, pánico, sobresalto, espanto, sobrecogimiento, etcétera.

  Si el miedo se torna patológico, puede incapacitarte y hacerte pensar que el futuro es aterrador e inminentemente catastrófico. Asimismo, sufres en el presente por algo que tiene pocas probabilidades de ocurrir en el futuro, que solo existe en tu cabeza y te hace distorsionar la realidad, sin embargo, no puedes evitar pensar en ello. En ese caso, no se llama miedo sino trastorno de ansiedad. Hablaremos de ello en el capítulo 4, "Rómpase en caso de incendio".

- **Sorpresa:** Te dices que lo que ocurrió fue abrumador, que no te lo esperabas, que no estás preparado para ello. Te predispone a reaccionar con mucha intensidad de acuerdo con la emoción subsecuente.

  Cuando el pensamiento interviene, la sorpresa puede convertirse en curiosidad, lo cual libera dopamina —la hormona "pegamento"— y facilita el aprendizaje, así como el hecho de que recordemos lo que acabamos de escuchar o aprender. Por eso te acuerdas de lo que te interesa o genera curiosidad y de lo que no, pues no. Si se prolonga, la sorpresa puede convertirse en un estado de asombro.
- **Aversión:** en su forma de asco, la aversión te lleva a afirmar que algo te resulta desagradable, que no lo quieres tener cerca, que es terrible, está contaminado y te desagrada. Te convences de que debes de evitarlo a toda costa y tenderás a generalizar con respecto a ese algo, sin matices, juzgándolo por "repugnante". En su forma de desprecio, la aversión te incita a afirmar que lo dicho o hecho es dañino, incomprensible, inconcebible, inaceptable, impermisible y que sientes un fuerte rechazo a la persona que lo generó pues tú "nunca lo harías". Te genera ganas de criticar y desprestigiar para desahogarte y sentirte mejor. Lo juzgas sin matices como "inmoral", "indignante" o "humillante". Cuando el pensamiento interviene, la aversión puede cobrar forma de rechazo, repugnancia, repulsión, repele, náusea, etcétera.
- **Afecto:** te lleva a convencerte de que alguien es bueno o beneficioso para ti, que debes procurar relacionarte y compartirte con esa persona u objeto de tu afecto. Te

enfocas en contarte todo lo que tiene de bello, lo que admiras, lo que corresponde a tus valores y lo que te atrae. Te dices que quieres estar cerca de aquel o aquello y que debes cuidarlo.

Cuando la razón entra en juego, el afecto puede convertirse en un sentimiento de amor, ya sea amistoso —el que sentimos por nuestros amigos y colaboradores cercanos— o romántico —el que sentimos por nuestra pareja, hijos, padres, abuelos, etc.—. El enamoramiento es un sentimiento de atracción muy poderosa hacia otra persona, en el cual intervienen emociones como la alegría y el afecto, así como el estrés en su forma positiva, llamada eustrés. No existe un acuerdo en cuanto a la duración del enamoramiento, sin embargo, este puede disiparse o transformarse en amor romántico. También puede volverse cariño, cordialidad, ternura, solidaridad, veneración, admiración, deseo, anhelo, antojo, aceptación, interés, confianza, simpatía, compenetración, estima, respeto, etcétera.

✦ **Culpa:** te lleva a repetirte a ti mismo que no debiste de haber hecho eso que hiciste, te reclamas haber transgredido tus valores y te argumentarás que debes ser castigado. Podrías tratar de convencerte de que es mejor esconderte y desaparecer o que, por el contrario, debes ir a pedir perdón. Afirmas que estuvo "mal", que eso no es lo que tú eres, que va en contra de tu esencia o de lo que crees; te repetirás que eres lo peor. Cuando el pensamiento entra en juego, entonces la culpa puede transformarse en una versión crónica y autodestructiva que no te permita disfrutar el presente por vivir atado a tus errores del pasado, un pasado que ya no puedes cambiar.

En muchos de los acompañamientos y asesorías que brindo a mis clientes me he topado con muchos casos de gente que en el presente se autoflagela de distintas maneras debido a la culpa que siente por haber lastimado o no haber hecho lo suficiente por un ser querido que ya falleció o con quien no tiene más contacto. Todos hemos estado ahí y sabemos lo doloroso que es. Sin embargo, comprender con compatía hacia nosotros mismos que hicimos lo mejor que pudimos, de acuerdo con los recursos y el nivel de conciencia que teníamos en ese momento, nos puede ayudar a liberarnos de ese peso que ya no tiene caso cargar, pues lejos de ayudarnos a crecer o evolucionar, nos atora y nos pone a vibrar muy bajo. De todas las emociones, la culpa y la vergüenza son las que tienen una frecuencia más baja.

Debemos procurar escuchar a la culpa en su versión de emoción primaria porque siempre trae un mensaje, pero evitar que los pensamientos inconscientes la arraiguen a nuestra mente prologándola y convirtiéndola en un estado de ánimo o sentimiento. ¿Te has dado cuenta de cuántas personas viven instaladas en la culpa? Es una de las principales enfermedades de todos los siglos.

✦ **Vergüenza:** es una emoción social que no está presente desde el nacimiento y se deriva de la aversión y la culpa. ¿Alguna vez has visto a un bebé o niño muy pequeño avergonzarse por llorar, hacerse pipí, revolcarse en el suelo, ensuciarse con lodo, cantar en voz alta, ensuciarse la ropa, mancharse la cara con comida, caerse o no lograr hacer algo que intenta una y otra vez? No, ¿verdad? Vivirían en estado permanente de vergüenza.

Esta aparece un poco más tarde durante la infancia, cuando las figuras de autoridad nos hacen creer que la gente va a juzgarnos o despreciarnos por no ser valiosos o políticamente correctos de acuerdo con las normas y protocolos sociales, por lo que con facilidad puede convertirse en un enemigo de la autoestima y autovalía. Se relaciona con la sensación de sentirse humillado por una supuesta falta de valía personal. Está más centrada en la evaluación social y en la preocupación por la opinión de los demás. La vergüenza puede generarnos una sensación de desvalorización y llevarnos a evitar situaciones que puedan provocar más vergüenza.

A diferencia de la culpa, que aparece para señalarnos una acción o conductas "incorrectas", la vergüenza ocurre cuando pasamos de sentirnos mal por algo que hicimos, a sentirnos mal por quienes somos. Cuando esto sucede generamos una aversión a nosotros mismos. Según el mismo artículo de *Psyciencia* que cité antes, ambas emociones se asocian con la conducta prosocial (es decir, las conductas que benefician a otros), pero de formas diferentes. Un metaanálisis encontró que la culpa tiende a aumentar este tipo de comportamiento, mientras que la vergüenza tiende a disminuirlo.

La experiencia de culpa al violar normas sociales depende de cuánto se identifica el individuo con el grupo cuyas normas ha transgredido. Si hay una fuerte identificación con el grupo, es más probable que sienta culpa, viendo sus acciones como el problema principal. Si no se identifica con el grupo, es más propenso a sentir vergüenza, considerándose a sí mismo como el problema principal.

Interesante, ¿cierto? Veamos cómo interferir en la vergüenza y ponerle un "hasta aquí".

Preguntas de interferencia de la vergüenza

Puesto que la vergüenza es en muchos casos consecuencia de un cúmulo de culpas inconscientes que nos hacen sentirnos insuficientes, seres incapaces de ser amados o valorados por quienes somos, si te identificas sintiéndote avergonzado, pregúntate:

¿Qué culpas cargo en relación con esta situación, que se han acumulado y hoy se traducen como vergüenza?

¿Por qué pienso que al hacer o ser de determinada manera seré rechazado?

¿Es eso cierto o es solo una creencia? Si se trata de una creencia, ¿quién y cuándo me la han instalado?

Preguntas de interferencia de los sentimientos

Los sentimientos son producto de nuestro diálogo interno. Cuando estés experimentando sentimientos limitantes que no te permitan fluir en una situación determinada es importante que primero identifiques la emoción raíz y puedas nombrarla; esto te ayudará a que después identifiques qué sentimiento quisieras experimentar en lugar del que tienes ahora. Para todo esto, hazte las siguientes preguntas:

- ¿Cómo me siento con respecto a esta situación o persona? ¿Qué historia me estoy contando sobre esta situación o persona para sentirme así?
- ¿Qué perspectiva distinta de esta situación me permitiría contarme una historia diferente que contribuya a hacerme sentir como he elegido conscientemente sentirme con respecto a esto?

Xavi Pirla, fundador del Talent Institute en Barcelona, *master trainer* en PNL y colaborador directo de Richard Bandler, nos brinda una perspectiva interesante sobre la importancia de discernir cuándo es que debemos de interferir en nuestro diálogo interno —al que él llama "pensamiento"— durante la plática, y cuándo vale más la pena propiciar el cambio desde la emoción.

Escucha la conversación completa aquí:

Xavi Pirla

Alquimia para llevar

Los sentimientos son como la información contenida en las semillas de la vida, los que siembres en tu mente, esos florecerán.

FACTOR 8 ACTITUDES

La manera en que nos sentimos con respecto a algo que vivimos o que hacemos da pie a nuestras actitudes. Las actitudes son nuestra predisposición ante lo que vamos a hacer, serían lo equivalente a la gasolina que alimenta nuestro motor de vida. Son como ese combustible que impulsa nuestras acciones y determina cómo nos movemos en el mundo.

Imagina que eres el conductor de un auto alucinante. Tu actitud es como el tipo de gasolina que decides poner en el tanque. Tienes dos opciones: gasolina de alto octanaje o gasolina de baja calidad. ¿Cuál eliges?

Si te decides por la gasolina de alto octanaje, tu motor se enciende con fuerza y energía. Tu auto ruge como una fiera y está listo para enfrentar cualquier camino que se presente. Tus acciones reflejan esa actitud poderosa. Eres proactivo, entusiasta y estás dispuesto a conquistar tus metas. Ahora, si eliges la gasolina de baja calidad, tu motor se siente pesado y lento. El auto se arrastra por la carretera como una tortuga deprimida. Tus acciones también se ven afectadas por esa actitud negativa. Puedes volverte apático, desmotivado y dejar que las oportunidades pasen de largo.

Pero aquí está la chispa de la cuestión: nuestras actitudes no solo nos afectan a nosotros mismos, sino que también influyen en cómo interactuamos con los demás y cómo percibimos sus acciones, así que las actitudes acaban siendo también una especie de filtro mental que origina nuevos patrones de pensamiento y sentimientos, y así sucesivamente.

Es como si tu forma de conducir afectara cómo te relacionas con otros conductores en la carretera. Si tienes una actitud positiva, te conviertes en ese conductor amigable y respetuoso. Cedes el paso, sonríes y compartes el buen rollo en el camino. Pero si tienes una actitud negativa, puedes volverte un conductor agresivo y hostil, lleno de juicios y reacciones negativas hacia los demás.

Preguntas de interferencia de la actitud

Entonces, es hora de preguntarte: ¿qué tipo de gasolina estás poniendo en el tanque de tu vida? ¿La de alto octanaje que te impulsa hacia adelante, o la de baja calidad que te mantiene estancado? Si notas que en algún momento tu actitud no es la más conveniente de acuerdo con tus objetivos o simplemente no está favoreciendo tu experiencia de vida, retrocede un par de factores en el proceso y cuestiónate:

Si mi actitud no es la correcta, es porque está siendo influenciada por mis sentimientos, así que: ¿cómo me siento con respecto a esto que estoy haciendo?

Y si mis sentimientos son productos de mi diálogo interno: ¿qué historia me estoy contando sobre esta situación o circunstancia?

Recuerda, tú tienes el poder de cambiar el combustible en cualquier momento. Si quieres una vida llena de energía y éxito, es hora de elegir esa gasolina de alto octanaje llamada *actitud positiva*. Verás cómo tus acciones se aceleran y cómo tus experiencias en la carretera de la vida se vuelven más emocionantes y gratificantes. ¡Así que carga tu motor con actitudes poderosas y prepárate para un viaje lleno de aventuras y logros!

Para explorar sus catalizadores conozcamos algunos ejemplos del día a día sobre diferentes tipos de actitudes que adoptamos, cómo afectan nuestras acciones y qué podemos hacer con ellas:

1) "Ya merito": ¿alguna vez has pospuesto algo una y otra vez? Podríamos llamarle también la actitud del "otro día con más tiempito". Cuando te encuentras en este modo, tus acciones se ven afectadas porque siempre encuentras una excusa para no hacer lo que necesitas. ¡Es hora de darle una patada a ese "mañana" y poner en marcha tus planes hoy mismo!

Catalizador contra el "ya merito"

Una *master* en el arte de evitar la procrastinación es mi querida Ana Pazos; tiene recursos invaluables que te ayudarán como catalizadores para vencer esta actitud. Búscala en redes como @anapazoslifecoach y descarga su *planner*.

2) "Todo está perdido": imagina que te despiertas y todo parece ir mal. Te golpeas el dedo chiquito del pie con la pata de la cama, te quedas sin agua caliente, se te quema el desayuno y te cae una lluvia de desgracias encima. Si adoptas la actitud de "todo está perdido", tus acciones reflejarán esa negatividad. Podrías quedarte en casa en pijama todo el día y ahogarte en un maratón de series tristes. Pero ¡hey!, cambiar todo tu día implica una sola decisión para darle la vuelta: busca el lado chusco, divertido y positivo de las cosas. ¡Ríete de tus desgracias y verás cómo todo se ilumina! Redúcelo al absurdo.

Catalizador contra el "todo está perdido"

A veces nos sentimos abrumados dentro de la tormenta; invocar al búho en este caso puede ser una buena opción. Crea espacio, salte un ratito de ti, ¡conviértete en una mosca! Este es un ejercicio que encontré en un libro que se llama *Chatter: The Voice in Our Head*, de Ethan Kross. En él, Kross propone que imaginar cómo vería una mosca desde la pared esta situación por la que estás pasando, desde un lugar de cero involucramiento, nos puede brindar una perspectiva distinta que ayude al cambio de actitud.

3) "Siempre puedo hacerlo": esta es la actitud del superhéroe. Cuando adoptas la mentalidad de "siempre puedo hacerlo", tus acciones reflejan una confianza inquebrantable. No importa el desafío que se te presente, te lanzas sin miedo y das lo mejor de ti. Eres el mandamás de tu propia vida, enfrentando cada obstáculo con valentía y determinación. Así que ponte la capa y el antifaz y ¡demuéstrale al mundo de qué estás hecho! Cuando doy cursos para hablar en público les enseño a mis alumnos a crear un personaje al cual llamamos "versión alterna", se trata de un ser superpoderoso con una actitud inquebrantable que habita en nosotros y que podemos asumir cuando lo necesitamos. Les digo: "Tal vez a ti, Lucía, te da miedo intentar esto, pero tu personaje alterno puede hacerlo por ti, así que no lo hagas tú, deja que lo haga ella". Clark Kent sabe que no puede porque no tiene la actitud necesaria, por eso se convierte en Superman. Bruce Wayne está lleno de limitaciones, por eso se convierte en Batman, ¿Cuál sería tu versión alterna? ¿De qué es capaz? ¿Cómo se llama? ¿Cómo vas a invocarla y permitir que se apodere de ti y de tu actitud?

Catalizador de versión alterna para el "siempre puedo hacerlo"

Escucha esta visualización y permíteme acompañarte en la creación de tu personaje.

Versión alterna

4) "Nací listo": imagina que te enfrentas a una tarea difícil en el trabajo o en la escuela. Si adoptas la actitud "nací listo", tus acciones mostrarán una mentalidad de crecimiento y perseverancia. Te sumerges en el desafío con entusiasmo, dispuesto a aprender y crecer en el proceso. No te detienes ante los obstáculos, sino que los abrazas como oportunidades de superación. ¡No hay desafío demasiado grande cuando tienes la actitud correcta! Yo me identifico mucho con esta actitud, me permite decir que sí a retos que me conducen a aventuras de vida extraordinarias. No lo sé todo ni sé hacer todo, sin embargo, sé que nací lista para aprender y confío sin dudar de mi capacidad, así que tal vez en el momento no sé cómo voy a hacer las cosas o resolver los problemas, pero me aviento aun sintiendo miedo, con la certeza de que encontraré siempre los recursos para lograrlo. Esta es la actitud de los valientes, y ser valiente no significa dejar de tener miedo, significa abrazarlo, escuchar su mensaje, prepararse y hacer lo que tengas que hacer aun mientras lo sientes.

Catalizador del "nací listo"

Cuando le das tiempo a esa voz interna inconsciente para aparecer, el miedo y la duda la llevarán a encontrar todos los argumentos del por qué no debes hacer aquello, y te acabarás autoconvenciendo. Mejor ¡no te pidas permiso! Si es algo que crees que pueda ser nutritivo para tu alma, di que sí y ve por ello, después mejor dirige ese diálogo interno de forma consciente para encontrar los recursos para prepararte y hacerlo lo mejor posible. Cuando tu atención esté en encontrarlos, estos aparecerán, ya que nuestra mente funciona como un buscador tipo Google que atraerá y nos mostrará aquello que necesitemos. En una conversación con Gabriel Guerrero, un máster de la programación mental, creador del Modelo de Transformación Profunda y autor del libro con ese mismo nombre, Gabriel nos compartió varios recursos para dirigir nuestro buscador y manejar la atención de manera inteligente.

Aquí te la dejo:

Gabriel Guerrero

5) "Yo lo valgo": imagina que te has estado esforzando mucho y decides que es hora de darte un capricho. Adoptas la actitud de "yo lo valgo" o "me lo merezco", y tus acciones reflejan esa indulgencia. Te compras ese helado gigante o te das un día libre para relajarte. ¡No hay nada de malo en consentirse de vez en cuando! Solo cuida que esta actitud no se convierta en una autocompasión o autocomplacencia que te lleven a estacionarte en una zona de confort ultralimitante que, lejos de impulsarte, te retenga; para reconocerlo utiliza lo siguiente:

Preguntas de interferencia del "me lo merezco"

Cuando te encuentres frente a esta actitud, asegúrate de que viene del lugar adecuado haciéndote estas preguntas:

- ¿Me lo merezco porque he trabajado por ello, me corresponde y contribuirá a mi bienestar?, o...
- ¿Me digo que me lo merezco porque siento mucho miedo o mucha flojera de hacer las cosas distintas?

6) "No puedo hacerlo": A veces dudamos de nuestras propias capacidades y adoptamos la actitud de "no puedo hacerlo". Esto limita nuestras acciones y nos impide perseguir nuestros sueños. Pero recuerda, ¡puedes hacerlo! Rompe con esa actitud negativa y date la oportunidad de crecer y sorprenderte a ti mismo. Esta actitud muchas veces es producto de una baja autoestima que produce filtros mentales que dirigen nuestra atención a nuestras carencias y dan pie a patrones de pensamiento que generan argumentos para convencernos de que no somos suficientes.

Catalizador del "no puedo hacerlo"

A veces nos ponemos objetivos tan lejanos y poco realistas que nos confrontan y nos acaban hundiendo en una actitud de frustración o insuficiencia que vuelve tedioso el camino hacia su consecución. Si nuestra atención está en la meta, el camino se vuelve eterno, pero si la ponemos en volver disfrutable cada paso por sí mismo, la meta se convierte en una ganancia secundaria.

Imagina que quieres bajar de peso y para inspirarte pones en tu refrigerador la fotografía de una persona con el cuerpo ideal, aquel al que aspiras, pero no es el tuyo. Uno tal vez pensaría: "¡Qué buena técnica, así cada vez que abra el refrigerador me inspiraré en ello y elegiré mejor mis alimentos!". El problema es que la mente no funciona así. Cuando depositas tu atención en un objetivo tan lejano o en algo que quieres, pero no tienes, estás enfocándote en tus carencias y eso te hará sentir ansioso, triste, frustrado y desesperado. Cada vez que regreses del gimnasio te mirarás al espejo y te compararás con aquella meta irracional, y sentirás que ¡no puedes hacerlo!, que tus esfuerzos están siendo inútiles y que el camino hacia el objetivo es eterno. En cambio, si mejor te enfocas en metas pequeñas que sean viables, observables y medibles, irás poco a poco construyendo los recursos que necesitas para seguir avanzando y podrás disfrutar cada pequeña meta como el logro que es.

Invoca al *logos* haciendo una lista de todas las habilidades, recursos y talentos que ya tienes y que pueden contribuir a ayudarte a resolver esa situación o a conseguir los recursos necesarios para ello. Por ejemplo, si tu objetivo es tener un cuerpo más saludable y atractivo, puedes empezar por reconocer qué es lo que sí tienes ahora que te permitirá alcanzar ese objetivo. En la lista pondrías por ejemplo cualidades o recursos como:

- ✦ Me encanta aprender y soy bueno para ello: puedo educarme en torno a cómo llevar una mejor alimentación y una rutina de ejercicio que se adapte a mis necesidades e intereses. Primeros pasos: tomar un curso de alimentación saludable y asesorarme con un *coach* que me diseñe una rutina.
- ✦ Tengo los recursos económicos para inscribirme a un gimnasio. Primeros pasos: me inscribiré y contrataré un *coach* ahí mismo.
- ✦ Tengo amigos que me apoyan. Primeros pasos: compartiré con ellos mi objetivo, les hablaré sobre el reto y los convertiré en cómplices que me ayuden a mantenerme motivado, o tal vez consiga que alguno de ellos se una conmigo al reto.

En ese sentido, te pusiste ya cuatro metas:

a) Curso sobre alimentación
b) Inscribirme al gimnasio
c) Conseguir rutina personalizada con *coach*
d) Compartir mi reto y conseguir un compañero

Conforme las logres, las vas palomeando y, por favor, agradécete el avance y celebra ese paso tan importante. Después haz una lista nueva y plantéate nuevos objetivos a corto plazo, que podrían verse así:

a) Diseñar un plan de alimentación en el que pueda suplir tres alimentos que ahora sé que me hacen daño, por otros que me gusten y pueda disfrutar. Siguiente paso: implementar estos tres cambios durante un mes.
b) Crear una lista de reproducción con canciones que me inspiren y pueda disfrutar mientras hago mi rutina de ejercicios. Siguiente paso: suscribirme a una plataforma de música y armar mi *playlist*.
c) Tomar probióticos todas las mañanas para mejorar la

absorción de los alimentos y el funcionamiento de mi intestino. Siguiente paso: comprar los probióticos y tomarlos diario hasta que se terminen.

d) Tomar un litro de agua diario durante el próximo mes. Siguiente paso: comprar una botella de agua de vidrio que me guste, que no genere basura, para ayudar de manera consciente al planeta, y que pueda mantener en el refrigerador rellena de agua infusionada con hierbas aromáticas.

Y lo mismo, cuando lo logres, agradécete, celébralo y avanza poco a poco, con pasos firmes y viables, que te parezcan razonables y realizables. La consistencia es más importante que la perfección. Si un día fallas en algo, ¡no te azotes! Celebra todos los aciertos que tuviste ese día y sé compasivo contigo mismo porque, ¿sabes qué? ¡Sí puedes hacerlo! Y te lo estás demostrando todos los días de muchas formas.

7) "Aprenderé de esto": cuando cometemos errores o enfrentamos desafíos podemos adoptar la actitud del pronoico, que como habrás escuchado en *Feliz, ¿como lombriz?* consiste en la confianza absoluta en que, aunque las cosas no salgan como esperábamos o exista alguien que voluntaria o involuntariamente pudiera dañarnos, nosotros tenemos la capacidad de convertir el problema en una oportunidad y al enemigo en un maestro. En lugar de lamentarnos, buscamos lecciones y oportunidades de crecimiento. Aceptamos nuestros errores como parte del proceso y nos esforzamos por mejorar. ¡Aprender de los tropiezos nos da experiencia y la experiencia nos hace más valiosos!

Preguntas de interferencia del "aprenderé de esto"

- ¿Qué puedo aprender de esto?
- ¿Cómo esto contribuye a volverme más sabio?
- ¿Cuál es el regalo detrás de esta situación?
- ¿Cuál es la oportunidad detrás de este problema o reto?

8) "Peor es nada": algunas veces nos encontramos en situaciones que no nos satisfacen por completo, pero adoptamos la actitud de "peor es nada". Esto nos impide buscar nuevas oportunidades y nos conformamos con menos de lo que merecemos o necesitamos. Romper con esa mentalidad conformista y luchar por lo que en realidad deseas en la vida empieza por cuestionarte la ganancia secundaria detrás de aquello que te has dicho que no es suficiente para ti.

Preguntas de interferencia del "peor es nada"

Cuando nos apegamos a una situación que no es suficientemente buena para nosotros, es muchas veces porque encontramos en ella una ganancia inconsciente, a la que se le llama *ganancia secundaria*. Las ganancias secundarias se refieren a los beneficios o recompensas que una persona puede obtener a través de un comportamiento problemático o negativo. Estas ganancias secundarias suelen ser inconscientes y pueden mantener o reforzar ciertos patrones de conducta no deseables.

Imagínate que una persona tiene una actitud que la vuelve tendiente a quejarse constantemente de su trabajo. Esta conducta puede generar atención y simpatía por parte de los demás, lo que a su vez puede hacer que se sienta validada y apoyada emocionalmente. En este caso, la ganancia secundaria sería la atención y el apoyo emocional que obtiene a través de la queja constante.

Las ganancias secundarias pueden variar de una persona a otra y de una situación a otra. Algunos ejemplos comunes incluyen recibir cuidados especiales, evitar responsabilidades, obtener excusas para no enfrentar desafíos o incluso obtener tiempo libre o beneficios económicos. Es importante destacar que las ganancias secundarias no siempre son conscientes o intencionales. Pueden ser impulsadas por necesidades emocionales subyacentes, como la búsqueda de afecto, atención, validación o incluso evitar situaciones incómodas.

En el contexto de la terapia o la modificación de conducta, comprender las ganancias secundarias es fundamental.

Identificar y abordar estas ganancias secundarias puede ser clave para romper patrones de conducta problemáticos y ayudar a la persona a encontrar formas más saludables de satisfacer sus necesidades emocionales. Hablaremos sobre estos patrones en el siguiente factor.

Así que cuestiónate: ¿qué es lo que gano cuando hago esto, qué necesidad emocional estoy buscando cubrir a partir de esta conducta?

Tal vez te tome tiempo llegar a la respuesta, pero el simple hecho de plantearte la pregunta e invocar con ella al pensamiento consciente permitirá que tu atención vaya y la encuentre en algún momento. Cuando eso ocurra, enfócate en trabajar en la causa y buscar otras alternativas más saludables que te ayuden a cubrir esas necesidades. Hacerlo así hará más fácil enfocarte en qué es lo que sí quieres y sí necesitas, y de ese modo encontrarás cómo dirigir tu diálogo interno, sentimientos, actitudes y conductas hacia la consecución de aquellos resultados.

9) "Hoy voy a cambiar": como diría Lupita D'Alessio: "Hoy voy a cambiar, salir de dentro de mí". Cada día es una oportunidad para empezar de nuevo. Adoptar esta actitud nos permite dejar de identificarnos con lo que siempre nos hemos contado que somos, no somos, podemos y no podemos. Es un excelente combustible para adentrarnos a la aventura de confrontar y cuestionar nuestras creencias e introyectos, y vencer nuestras limitaciones, dejar atrás los errores del pasado y aprovechar al máximo el presente. ¡Cada día es una página en blanco lista para ser escrita!

Catalizador del "hoy voy a cambiar"

No nos definen nuestros errores, sino nuestra humildad para reconocerlos, nuestra valentía para afrontarlos, nuestra creatividad para repararlos, nuestra sabiduría para aprender de ellos y nuestra inteligencia para aprovecharlos.

10) "Por qué a mí": es la actitud de la víctima desdichada, del paranoico, de "el universo conspira en mi contra" o del "no nací con estrella sino estrellado". Esta actitud es prima hermana del "todo está perdido".

Pregunta de interferencia del "por qué a mí"

¿Para qué a mí?

11) "Yo les paso a las cosas": en un mundo lleno de prisas y estrés, adoptar esta actitud te permite ser ese agente de cambio que marque la diferencia. Es reconocer tu capacidad para impactar tu entorno, que un simple acto amable puede iluminar el día de alguien y crear un efecto positivo en cadena o todo lo contrario. Siempre digo que en la vida hay tres tipos de personas y podríamos reconocerlas por cómo se comportan en un baño ajeno cuando nadie las ve:

- Tipo 1. Las que llegan, hacen lo que tienen que hacer y lo dejan peor que como lo encontraron: sucio, oloroso y desordenado; y se van sin importar el desastre que hacen. No piensan en la persona que entrará después de ellas ni en quien tendrá que limpiar su caos.
- Tipo 2. Las que llegan, hacen lo que tienen que hacer y lo dejan como lo encontraron, ni más ni menos. No ensucian, pero no limpian.
- Tipo 3. Las que llegan, hacen lo que tienen que hacer y lo dejan mejor de como lo encontraron. Con precaución y asepsia, recogen un poquito, limpian otro tanto y se ocupan de dejarlo como a ellas les hubiera gustado encontrarlo, aun si quien lo usará o limpiará después no sepa a quién agradecer el gesto, pero el simple hecho de imaginarse lo bien que se sentirán al encontrar un baño limpio las hace sentir placer.

¿Con cuál te identificas? Creo que no necesito explicarte cómo es que esta analogía representa la actitud de cada uno de estos ejemplos en el día a día y en todo lo que hacemos, ¿verdad?

Claramente, el tipo 3 tiene la actitud de "yo les paso a las cosas", se reconoce a sí mismo como un catalizador de cambio en su entorno. Las personas con actitud de víctimas sienten que deben protegerse de los demás, me preguntan cosas como: "Pam, ¿cómo puedo protegerme emocional o energéticamente de otros?", porque viven instaladas en el miedo. Sin embargo, las personas tipo 3 saben que lejos de protegerse, su misión es contagiar a otros con su magia, vibran en una frecuencia tan alta que saben que pueden alterar con su simple presencia las frecuencias más bajas. Los grandes maestros de esta actitud vienen de diálogos internos regidos por una autoconfianza inquebrantable, a los que si les dices: "Cuidado, no te acerques, no te vaya yo a contagiar esta enfermedad", te responderán: "Acércate, mejor yo te voy a contagiar salud". Me encanta esta actitud, ¡es la mía! Es la actitud de la locura que todo lo cura. No siempre estoy así, lo reconozco, pero procuro dirigir la orquesta de mi mente para pasar el mayor tiempo posible en este estado de catalizadora humana.

Hace unas semanas platicaba con un cliente que acudió a mí para una asesoría. Me dijo que, después de mucho esfuerzo y lucha lo pusieron en un puesto profesional poco valorado y cuya reputación no estaba a su altura. Él se sentía desolado, me dijo: "Pam, antes la gente me miraba con respeto y ahora me mira con lástima". Me di cuenta de que lejos de ser una realidad, esto era producto de su percepción. Ante su actitud de "¿por qué a mí?", le pregunté: "¿Ese puesto va a definirte a ti o tú vas a definir al puesto? Si ese título que ahora llevas tiene mala reputación es por las personas que lo ocupaban antes que tú, que le han dado una mala imagen, pero por suerte llegaste tú a cambiar la historia". Se le abrieron los ojos grandes, como si de pronto el cambio de narrativa lo hubiera hecho sentirse empoderado al instante y su actitud fue otra.

El lugar desde el cual hacemos las cosas importa, pues afecta la calidad de nuestras acciones y el ADN de nuestros resultados. Esto ocurre debido a la ley de resonancia. Esta ley consiste en comprender el principio creador que hay en los pensamientos, sentimientos y palabras; es a través de ellos que impactamos nuestro cuerpo y entorno. Están hechos de energía, eso lo sabe la ciencia, y cuando hacemos esa energía vibrar, alteramos el campo electromagnético de lo que está a nuestro alrededor, para bien o para mal. Puedo hablarte brevemente de dos estudios interesantes que lo demuestran.

El primero es el de Masaru Emoto, un investigador japonés conocido por sus experimentos sobre la influencia de las palabras y las emociones en la estructura del agua. En sus experimentos, Emoto expuso muestras de agua a diferentes palabras, pensamientos, música y entornos para observar cómo afectaban su apariencia y estructura cristalina.

Sus hallazgos principales fueron los siguientes:

1) Efecto de las palabras: Emoto afirmó que las palabras positivas, como *amor* y *gracias*, generaban estructuras de cristales de agua hermosas y armoniosas, mientras que las palabras negativas, como *odio* y *miedo* producían cristales distorsionados o sin forma.

2) Influencia de la música: Emoto sostuvo que la música clásica y armoniosa generaba cristales de agua bien definidos y simétricos, mientras que la música discordante o violenta resultaba en cristales fragmentados y desordenados.

3) Impacto de las emociones: según Emoto, las emociones humanas también afectaban la estructura del agua. Afirmó que las emociones como el amor y la gratitud producían cristales hermosos, mientras que las emociones como el odio y el miedo generaban cristales deformes.

Un estudio similar realizado por Bernard Grad, profesor adjunto de Biología de la McGill University de Montreal, demostró el efecto de la energía de la intención en el agua. Utilizó espectroscopía infrarroja para realizar un examen químico del agua a la que, primero, curanderos y después un grupo de meditadores intentaron alterar, a través del pensamiento consciente y la intención, mientras la sostenían en sus manos. Descubrió que el agua había sufrido un cambio fundamental en su estructura molecular. Posteriormente, investigadores rusos confirmaron estos resultados afirmando que los enlaces de hidrógeno y oxígeno de las moléculas de agua sufren alteraciones en su microestructura cristalina. Esto demuestra que un pensamiento concentrado y dirigido puede alterar la estructura molecular del objeto de su intención.

El segundo tiene que ver con un hecho que la ciencia ha comprobado una y otra vez, y es que el ojo del observador (es decir, la atención y pensamientos conscientes) altera los resultados del manejo de la energía en la materia. En el libro *The Field*, Lynne McTaggart explica detalladamente una serie de experimentos mediante los cuales Helmut Schmidt, Brenda Dunne y Robert Jahn demostraron que los observadores, es decir, personas comunes que participaban en estos estudios, podían alterar la aleatoriedad a través de la cual una máquina generaba caras o cruces. Sin la presencia de un observador, la máquina generaba un tipo de resultados, pero en presencia de ellos, los resultados eran otros ya que el pensamiento organizaba la energía y cambiaba dichos resultados, no siempre hacia donde ellos querían de manera intencional, pero en definitiva el comportamiento de la máquina cambiaba. En estos experimentos se llegó a la conclusión de que una mente con coherencia energética influye sobre la entropía o principio de caos de la naturaleza, más adelante hablaremos sobre qué implica o cómo se logra esa coherencia energética. La energía creativa del observador puede organizar la energía caótica del entorno.

Además, si te interesa conocer otros numerosos experimentos científicos que fundamentan gran parte de lo que expongo en este libro, te recomiendo mucho leer otra obra de Lynne McTaggart llamada *El experimento de la intención*. Te sorprenderá descubrir cuan lejos ha llegado la ciencia en este sentido.

Otro experimento que demuestra cómo la energía del observador altera la forma en que se comportan los electrones es el experimento de la doble rendija, el cual comprenderás en siete minutos a través de este video explicativo:

Experimento de la doble rendija

En una escuela jugaron con estos principios para poder ver su impacto en una plantita de frijol. Los estudiantes sembraron varios frijolitos en distintos frascos, y en grupos se concentraron en mandarle durante varios días distintos pensamientos y sentimientos a cada plantita cuando las regaban. Una tenía la etiqueta de la alegría, otra de amor, otra del enojo, otra de odio y otra la ignoraron. Al cabo de varias semanas midieron su evolución. Los resultados te sorprenderán. Las plantitas que más crecieron fueron las de la alegría y el amor, menos que estas fueron la del enojo y el odio, en ese orden, pero curiosamente la que menos prosperó fue aquella a la que ignoraron, aun echándole agua, la falta de atención consciente limitó su crecimiento. Desde entonces los niños programan sus bebidas, conocen el impacto que pueden generar en el agua que van a tomar y la manera en que esta puede resonar al entrar en contacto con su propio cuerpo, que es líquido en aproximadamente un 60%. Entienden también el impacto que pueden tener sus sentimientos, palabras y pensamientos en otros seres vivos. De ahí que el nombre de esa escuela sea L.I.F.E School (Love Intelligence For Evolution), ya que la frecuencia más poderosa que puede resonar y transmutar cualquier otra es la del amor.

Ahora imagina que decides ir a una marcha para exigir tus derechos y te unes con otros tantos miles o millones de ciudadanos; aparentemente lo que importa es que todos están ahí parados exigiendo lo que les corresponde, pero ¿desde qué lugar lo está haciendo cada uno? ¿Crees que sea igual si la actitud con la que lo hacen alberga pensamientos y sentimientos de resentimiento, odio, ira y venganza, a que si lo hacen desde un lugar de esperanza, unión, fe, empatía y amor? Por supuesto que no, el ADN de la acción y, por ende, de los resultados será completamente distinto.

Partiendo de este principio que estoy segura va quedando cada vez más claro, podemos hablar de uno de los temas para los que más me buscan, contratan e invitan a medios de comunicación: la comunicación asertiva.

¿Tú crees que comunicar algo de manera asertiva, persuasiva y poderosa tiene solo que ver con estructurar tus palabras y gestionar tus recursos no verbales a conciencia? ¿Qué pasa si lo que estás diciendo lo estás transmitiendo desde una actitud de resentimiento y venganza alimentada por pensamientos y sentimientos de ira, odio y coraje? Comunicar asertivamente implica muchas cosas. El cuerpo siempre acabará revelando lo que en verdad sentimos y pensamos, y así como los perros huelen el miedo, los seres humanos huelen la falsedad: por más elocuente que seas, la otra persona percibirá consciente o inconscientemente esa incongruencia entre lo que dices y el lugar desde donde lo dices.

Ya sé, si ya leíste *La magia de la persuasión* tal vez estarás pensando: "Pero, Pam, te estás contradiciendo, ya que en tu otro libro hablas precisamente de las formas y de cómo estructurar tus palabras, gestionar tu lenguaje corporal, manejo de la voz e imagen física". Bueno, pues precisamente por eso es que, cuando publiqué ese gran libro en 2019, poco tiempo después pensé que ¡debió ser el segundo! Así que *La alquimia del pensamiento* es la precuela de *La magia de la persuasión* porque, oye, si *Star Wars* pudo, ¿por qué yo no? Bueno, entendiendo este proceso y hablando desde la actitud y el lugar correcto, la comunicación asertiva y la persuasión se facilitan un montón. Entonces el reto es descubrir las formas que te permitan proyectar y resonar lo que sientes en función de lo que quieres, y de eso se trata, por ello en este libro aprendemos a ser y en el otro a actuar e irradiar desde lo que somos.

Te voy a poner un ejemplo muy polémico que uso en mi Seminario de Alchemind sobre cómo el lugar desde donde dices las cosas lo cambia absolutamente todo.

Seguro has oído a media humanidad: comunicadores, pedagogos, *coaches*, asesores, terapeutas, etc., hablando de la importancia de imponer límites, ¿cierto? Pues yo voy a decirte lo contrario: ¡NO PONGAS LÍMITES! Por favor no lo hagas, te haces daño a ti y a tus relaciones. A ver, antes de tirarme de loca, haz un experimento, pero te pido que en verdad lo hagas si quieres entenderlo a nivel profundo.

Exclama en voz alta en este momento: "Le puse un límite", con la enjundia y fuerza con la que se lo dirías a alguien de tu confianza al darle la noticia de que lograste imponerle un límite a alguien sobre algo que te molestaba.

No, no lo dirías así. Dilo de nuevo con más fuerza, siéntelo en serio: "Le puse un límite".

¿Cómo te sientes? ¿Qué actitudes aparecen en tu cuerpo? Algunas personas me dicen: empoderamiento, orgullo, dignidad, logro. Ahora responde con honestidad: ¿qué emoción había detrás de la frase "le puse un límite"? ¿Tal vez indignación, enojo, hartazgo?

Ahora prueba diciendo en voz alta: "Logré un acuerdo". Dilo de nuevo: "Logré un acuerdo". En comparación con la otra frase, ¿cómo se siente? ¿Qué estado interno te genera? Revelador, ¿cierto?

La palabra *límite* está cargada de una energía de hartazgo, ira y coraje, podría apostarte que hasta tu lenguaje corporal fue correspondiente a ello. Además, poner un límite invalida al otro, en realidad no lo ponemos, lo imponemos. Vamos desde esa actitud no en busca de mirar al otro para fortalecer la relación, sino de defender nuestra dignidad, nuestro ego. El límite es defensivo, no persuasivo. Está bien tener claros tus límites, que tú mismo sepas en qué momento otra persona está rebasándolos y poniendo en riesgo tu bienestar, pero el límite lo reconoces, mas no lo impones.

Cuando alguien está atravesando tu límite y te das cuenta, puedes acercarte a esa persona desde la compatía, mirando y reconociendo al otro desde el amor, desde tu poder de alquimista, y entonces eres capaz de mirar su intención no desde la ofensa, sino desde la mirada del búho. Y, así, puedes darte cuenta de las necesidades del otro, para entonces lograr un acuerdo que fortalezca la relación. Al no sentirte a la defensiva ni a la ofensiva, la otra persona bajará la guardia porque se siente vista y se sabe importante para ti. Percibe que tu intención es una que les beneficia a ambos, y obtienes lo que resuenas. Eso te vuelve asertivo y persuasivo. El lugar desde el cual dices las cosas importa. Por eso me gusta llamarle a la actitud el *Factor de resonancia.*

Otra manera de entender nuestras actitudes es verlas como las motivaciones que nos llevan a hacer lo que hacemos, y en este sentido podemos clasificarlas en reactivas o proactivas.

- **Reactivas:** las actitudes reactivas son de quienes necesitan sentirse presionados para actuar. Se mueven para evitar el dolor. Necesitan tocar fondo para generar cambios en su vida.
- **Proactivas:** las actitudes proactivas son de los que se anticipan al cambio. Se mueven por obtener placer. Son capaces de aprender en cabeza ajena, es decir, a través de las experiencias de otros.

Para entenderlas mejor, imagina a dos hombres que le llevan flores a su pareja. Aparentemente ambos están haciendo lo mismo, sin embargo, el lugar desde el cual lo hacen es distinto. El hombre con actitud reactiva se las lleva por miedo, para evitar el dolor de perderla a causa de una pelea que tuvieron. El hombre con actitud proactiva se las lleva por amor, movido por el placer de regalarle una alegría.

Otro ejemplo: dos mujeres asisten al médico un martes cualquiera. Aparentemente ambas están en la sala del hospital esperando lo mismo: una consulta. Sin embargo, el lugar desde donde lo hacen es diferente. La mujer con actitud reactiva está ahí porque lleva meses sintiéndose mal, esperando en negación que la enfermedad avance hasta que el malestar se volviera insoportable y ahora está ahí para terminar con el dolor. La mujer con actitud proactiva está ahí para asegurarse de permanecer bien, por el placer de velar por su salud y bienestar, buscando asesoría para mejorar su calidad de vida, pues sabe que existe un historial de cáncer en su familia, pero también que, como bien dicta la epigenética, somos producto de nuestros hábitos más que de nuestros genes, así que quiere asegurarse de hacer las cosas diferente a sus antepasados.

Otro tipo de actitud proactiva o reactiva es la que adoptamos frente al cambio y eso hará la diferencia entre surfear las olas y disfrutarlas, o permitir que nos revuelquen y la experiencia sea desagradable y dolorosa. Decimos en México que "más vale malo por conocido que bueno por conocer", pero vivir así es ir en contra de la propia naturaleza de tu alma, ya que, como lo hemos mencionado antes, nuestro objetivo primordial no es estar cómodos, sino crecer y evolucionar. *Por ello podemos decir que en la vida lo único que nunca cambia es que todo siempre cambia.*

¿Por qué? Porque cada vez que algo cambia, los filtros mentales se ajustan, la visión se amplía y la conciencia también, así que el alma se regocija en los cambios. Basta con que te atrevas a criticar la situación de alguien para que tu alma decida cambiar el curso de las situaciones en tu vida, que puedas experimentar algo similar y entonces, desde la empatía, logres comprender al otro y dejar de juzgarlo. ¿Te ha pasado? Apuesto a que muchas veces. Yo por eso prefiero no criticar para convivir. Por ende, esto que voy a revelarte será una pieza clave en tu habilidad para manejar los cambios en tu vida y evitar que te generen distrés o demasiada ansiedad.

Comencemos por entender algo más acerca del estrés, y es que los efectos de las situaciones que te estresan son distintos si ocurren voluntariamente, es decir, un estrés que tú buscaste o, de manera involuntaria, si alguien o algo lo produjo sin que tú lo previeras.

Hace algunos años me invitaron a colaborar en el libro y muy famoso pódcast de *Se regalan dudas* para hablar sobre el cambio. En él planteo lo siguiente:

> una persona que quiere generar un cambio radical tiene que empezar por analizar sus programas mentales, irse profundo, hacer un trabajo verdadero, cuestionar sus creencias, puede elegir hacerlo consciente y deliberadamente para favorecer su crecimiento y evolución, o la vida misma le presentará situaciones que le invitarán a ello, como aquellas veces que decimos que alguien cambió porque "tocó fondo". Ahora, pensémoslo metafóricamente. ¿Te produce la misma sensación ir caminando distraído y tropezarte por accidente, que ver un obstáculo y tomar la decisión de doblar las piernas para dar un brinco que te impulse hacia adelante para poder evadirlo o atravesarlo? Inténtalo… Claro que no generan la misma sensación, se siente completamente diferente. La sensación cuando las cosas te suceden a pesar de ti es molesta, incómoda, te genera ansiedad, miedo, te sientes vulnerable; en cambio cuando tomas la decisión tú, el impulso lo generas tú mismo, puedes sentir los efectos de la adrenalina en tu cuerpo (sudor, aumento en ritmo cardiaco, mariposas en el estómago, frío o calor, etc.), pero esos son solo síntomas de que estás alerta para poder dar lo mejor de ti ante esa circunstancia nueva.

Cuando era pequeña les tenía terror a los juegos mecánicos. No me daba miedo la velocidad, sino la sensación de vacío que generaban las bajadas en picada con las que empezaban la mayoría de los juegos. Un día, cuando tenía aproximadamente 13 años, fui con mis primos y tíos a Six Flags en la Ciudad de México. Estábamos haciendo la fila para una montaña rusa que empezaba con una bajada terrorífica. Yo sudaba con cada paso que dábamos para acercarnos a la entrada y mi tío Fede me explicó: "La sensación es más desagradable si al momento de la bajada te resistes y te echas para atrás. Lo que tienes que hacer es hacerle creer a tu cuerpo que tú tomaste la decisión de lanzarte, que estás en control, que todo está bien. Para ello, cuando la bajada vaya a comenzar, impúlsate hacia adelante como si te quisieras aventar, como si tú estuvieras jalando al resto del carrito, verás cómo se siente diferente".

En ese momento quise creerle, pero seguía sintiendo que moría con cada centímetro que avanzábamos. Para mi sorpresa, ¡el consejo funcionó de maravilla! Salí en la foto rozagante, con un gesto de felicidad y paz inexplicables. Después comprendí el fundamento científico de lo que Fede me explicó, y eso se convirtió en mi filosofía de vida con respecto al cambio. Una vez más el catalizador de la predisposición que, cuando se aplica al cambio, hace maravillas.

Vishen Lakhiani, fundador de Mindvalley y autor de *The Code of the Extraordinary Mind*, explica la importancia del papel que juega el cambio en nuestro crecimiento, a través de dos conceptos budistas: *kensho* y *satori*. Estos términos provienen de tradiciones espirituales orientales y se refieren a experiencias profundas de iluminación y trascendencia. Vishen explica que en la vida tenemos la oportunidad de crecer a partir del dolor o a través de la comprensión o visión interior. En pocas palabras, dice que o buscamos y propiciamos nosotros mismos los cambios para despertar, a lo que se le llama momentos *satori*, o la vida nos los presentará a pesar de nosotros mismos, momentos *kensho*, que son cuando esperamos a que la vida nos pise los talones para hacer los cambios que necesitamos. Así que para cambiar hay que tocar fondo, o más bien ir al fondo, pero tú decides si la vida te lleva ahí de sopetón o si el impulso lo generas tú con un poco de fe y otro poco de valor. ¡Adaptarse o morir!

Catalizador de la actitud

Catalizador "amor incondicional"

El catalizador por excelencia de la actitud es el amor incondicional; cuando nuestra actitud frente a cualquier aspecto de la vida parte de ahí, la vida se transforma en una danza que podemos gozar y bailar con el universo. Sin embargo, sería muy abstracto si solo lo planteamos así porque: "Pam, ¿cómo puedo amar y tener una actitud positiva frente a algo que no me gusta o que no puedo cambiar?". Un recurso extraordinario, que escuché por primera vez de mi querida amiga Doris Name en un curso sobre paternidad consciente que impartió en la escuela de mis hijos, es el que voy a compartirte. Una mamá le preguntó:

—Doris, mis hijos se pelean cada vez que nos subimos al coche, no dejan de gritarse y discutir, eso me perturba y me saca de mis casillas, pierdo mi centro y me pongo histérica, ¿qué puedo hacer?

A lo que Doris contestó:

—Por lo que dices, sabes que eso es algo que ocurre de manera invariable, pero tu expectativa de que por acto de magia sea diferente cada vez te hace sentir frustrada y eso te lleva al límite porque no logras cambiarlo y ocurre a pesar de ti. ¿Qué pasaría si antes de subirte al coche te dijeras a ti misma: "Me dispongo a que mis hijos se peleen todo el camino"? Probablemente eso no cambiará la dinámica entre tus hijos, pero sí tu actitud frente a ella. Así podrás responder desde otro lugar en vez de reaccionar.

¡Wow, claro! Es que esto es aplicable a todo asunto o persona en nuestra vida. Desde ese momento empecé a probarlo y me di cuenta de lo poderoso que es. Predisponernos a algo que sabemos que es muy probable que suceda y que no podemos cambiar ayuda al cerebro a suponer que la situación está en nuestro control, en lugar de que se nos ha salido de las manos y que en consecuencia debe estresarse. Es un truco muy sencillo (y en verdad efectivo, créeme, me ha salvado de muchas), en el que no solo afectamos nuestra actitud, sino que ¡nos anticipamos y blindamos antes de que aparezcan los estímulos primarios! "Me dispongo a..." nos permite prepararnos antes de que inicie todo el proceso que hemos explicado desde el principio del libro. Igual que cuando nos predisponemos al cambio y entonces lo vivimos diferente.

Sirve incluso con personas cuyo comportamiento, actitud, tema de conversación o comentarios tienden a alterarnos; podemos intentar primero hablar con ella, hacerle saber lo que nos molesta, pero si no está dispuesta o no le es posible cambiar y nosotros no queremos dejar de frecuentar a esa persona, podemos vacunarnos con el "me dispongo a..." y así propiciar una autonomía emocional que nos mantenga en equilibrio y en nuestro centro.

No significa prepararnos para lo peor, no confundas mis palabras con una actitud fatalista, sumisa ni tampoco conformista, se trata de entender que si ya hicimos todo lo que estaba en nuestro poder para cambiar una situación y no lo logramos, entonces toca cambiar nuestra actitud frente a la situación. Es similar a aquella plegaria de la serenidad que dice:

Señor, concédeme serenidad para aceptar todo
aquello que no puedo cambiar,
valor para cambiar lo que soy capaz de cambiar
y sabiduría para entender la diferencia.

Pero el "me dispongo a" nos permite asumir nuestra responsabilidad frente a esta posibilidad en lugar de dejarla solo en manos de Dios. #TúDecides.

Para terminar con este octavo factor y ligarnos con el penúltimo, invoquemos al *logos*.

Quiero preguntarte algo: ¿cuál es tu motivación para leer este libro? ¿Desde dónde lo estás haciendo? ¿Cuál es tu actitud frente a estas líneas? Regresa al prólogo que escribiste y revisa lo que respondiste. Ahora lo entiendes mejor. Y, sobre todo, comprendes que tu postura frente a esta lectura (o ante cualquier situación en la vida) es producto de tu percepción, diálogo interno y sentimientos, y esta actitud o postura determinará lo que hagas con este escrito, porque... ¡nuestras actitudes dan forma a nuestras acciones!

Alquimia para llevar
Tu actitud determina tu altitud: eleva tus pensamientos y alcanzarás nuevas alturas.
La actitud es como un imán: atrae lo que irradias.

FACTOR 9 ACCIONES

Entonces, el lugar desde el cual hacemos las cosas determina la calidad de lo que hacemos, y aquello en lo que depositamos nuestra energía de manera consciente o inconsciente, aquellos actos que resultan como consecuencia de nuestras decisiones también conscientes o inconscientes, se llaman *acciones*.

¿Es lo mismo una acción que un comportamiento?

Las acciones, al igual que los comportamientos, pueden ocurrir una sola vez; de manera aislada, son el modo en el que respondes a determinada situación en una ocasión. La diferencia con los comportamientos es que estos son inevitables, todo el tiempo estamos comportándonos de alguna forma:

hablar es un comportamiento, quedarte en silencio es otro, levantarte de la silla y caminar también lo es, pensar, imaginar y soñar son igualmente tipos de comportamientos. Así que, como podrás notar, estos pueden ser observables o no. Sin embargo, las acciones son siempre un indicador observable de nuestros procesos internos.

Existen cuestiones psicológicas, genéticas o culturales que pueden influir sobre nuestras acciones y provocar que una misma persona reaccione muy diferente según la situación o el entorno en el que esté. Puede ocurrir que, por ejemplo, nuestras acciones sean distintas en el contexto laboral que en el familiar. De hecho, ¿has oído a alguien decir que "la confianza apesta"? La frase tiene sus raíces precisamente en el curioso hecho de que a veces tendemos a ser más reactivos frente a personas con las que tenemos más confianza, que sabemos que nos quieren y aceptan incondicionalmente, que con quienes debemos de quedar bien, ya que en esos casos tendemos a involucrar más rápido el pensamiento consciente para interferir en un comportamiento que pudiera obstaculizar nuestros objetivos. Piénsalo, tal vez si tu pareja o tu hijo tiran un vaso con agua sobre el teclado de tu computadora, de inmediato y sin pensar, comenzarías a despotricar muestras de tu enojo y preocupación. Ah, pero si el del accidente hubiera sido tu jefe o uno de tus clientes más importantes controlarías tu respuesta, te apresurarías a ir por una servilleta y le dirías: "No te preocupes, fue un accidente, a todos nos pasa. Además ya estaba vieja, luego compro otra".

Entonces, cuando el *logos* ha interferido en el proceso de toma de decisiones, la acción es consciente. El individuo conoce sus implicaciones y consecuencias. Sabe lo que hace, por qué y para qué lo hace. Podría incluso repetirlo. Es algo que elige.

Sin embargo, si resultan como consecuencia de un proceso inconsciente y automatizado, estas acciones serán quizá producto de nuestros *patrones de conducta*. Para explicar los patrones de conducta, primero entendamos qué es la conducta por sí misma y cómo se diferencia de las acciones y comportamientos.

La conducta de un individuo se define por una serie de acciones o comportamientos a través de los cuales se conduce. El factor 9 corresponde a la acción, ya que si queremos alterar nuestra conducta debemos comenzar por hacer conscientes cada una de las acciones que, agrupadas de manera repetida y consistente, determinan el conjunto y dan pie a esa conducta.

Cuando se vuelve costumbre tener cierta conducta ante ciertos estímulos o situaciones, nuestras acciones se programan en la mente siguiendo un patrón específico que puede volverse inconsciente; a esto se le llama *patrones de conducta.*

Imagina que eres un mago de la conducta. Estos patrones son como hechizos mágicos que se activan en automático cuando te enfrentas a ciertas situaciones. Es como si tu cerebro dijera: "¡Hey, reconozco esto de antes! Vamos a hacer lo que siempre hemos hecho". Estos patrones de conducta son como tus modos predeterminados de actuar. Pueden ser buenos, malos o simplemente extraños. ¡Como cuando te quedas atrapado en el modo "bailar como gorila" cada vez que escuchas equis canción pegajosa! ¿No me crees? Observa con atención la próxima vez que vayas a una boda. Bueno, pero en serio, estos patrones afectan nuestras acciones y decisiones en la vida cotidiana. Cuando te encuentras con una situación familiar, tu cerebro activa automáticamente el patrón correspondiente. También puede ocurrir así porque lo aprendiste a través del ejemplo de tus figuras de referencia, como padres, madres, familiares, jefes, etc. Adoptamos determinados patrones de conducta de otras personas porque no conocemos otra forma de conducirnos frente a determinadas circunstancias y repetimos lo que vemos, sin cuestionar si existen otros modos de responder ante ello. En pocas palabras, al no asumir nuestra responsabilidad como individuos, como factores de cambio, al no involucrar la voluntad o el *logos*, limitamos nuestras posibilidades, nos convertimos en animalitos de costumbres.

Observa esta tabla:

COMPORTAMIENTO	Puede ocurrir una sola vez, ser observable o no observable, ser consciente o inconsciente.
ACCIÓN	Puede ocurrir una sola vez, es siempre observable; puede ser consciente o inconsciente.
CONDUCTA	Suma de comportamientos o acciones; puede ser consciente o inconsciente.
PATRONES DE CONDUCTA	Suma de comportamientos o acciones habituales, repetitivos y constantes a través de los cuales un sujeto se conduce; puede formarse consciente o inconscientemente.

Los patrones de conducta pueden ser también producto de tus filtros mentales, ya que la conducta puede estar influenciada por la cultura de la persona, los estímulos que recibe con regularidad, las creencias y normas sociales dentro de las cuales se desarrolla.

Por ejemplo, una persona que vivió en un entorno de violencia entre los 7 y 12 años de edad —según el neurólogo Eduardo Calixto, un momento crucial en la configuración del entramado neuronal de cada individuo— pudiera estar predispuesta a tener, ante mínimas provocaciones, reacciones instintivas o automatizadas que los demás etiquetarían como agresivas, pero que ese individuo ve como normales. Lo mismo sucedería con una persona expuesta a estímulos estresantes por un tiempo prolongado que le generen distrés: si en ese momento alguien la hace enojar, su reacción podría ser impulsiva y desmedida. Muy similar a como sucede en los niños pequeños, cuyo lóbulo prefrontal aún no se ha desarrollado lo suficiente para permitirle controlar sus impulsos. Esto me recuerda una ocasión en la que recibí una llamada de la escuela de mi hijo pequeño, Emiliano, para citarnos debido a que ya se había descontado a dos niños esa semana propinándoles un elegante golpe y mandándolos a la lona. Cuando le pedí a la maestra que me relatara los sucesos, nos dimos cuenta de que en ninguno de los casos había sido él quien buscara una pelea, sin embargo, los dos pleitos coincidieron con la presencia de dos elementos: el primero era que en ese momento había mucho ruido en el salón, lo cual lo tenía estresado y alerta; el segundo es que él estaba concentrado, pintando o construyendo algo, cuando el compañerito en cuestión osó abalanzársele para arrebatarle cruel y despiadadamente algún objeto crucial del material, y Emiliano, con la fuerte musculatura de un niño de 2 años, se lo impidió tajantemente (disculpen, soy su mamá, no puedo ser objetiva). La directora (quien sí estaba siendo objetiva) estaba escuchando el relato cuando interrumpió y dijo: "Emiliano no ha cumplido ni 3 años, es normal que reaccione así. Está defendiendo su material, no podemos exigirle que se comporte distinto. Podemos irle enseñando a poner límites de otra manera, pero eso va a tomar tiempo, naturalmente. Lo que sí podemos hacer ahora es enseñarles a los otros niños que las cosas se piden y se turnan, porque si las arrebatan, las consecuencias podrían ser dolorosas". ¡Aplausos! En este caso la reacción de Emiliano era un reflejo emocional, no un patrón de conducta.

Ahora, tú y yo tenemos más de 4 años y nuestro lóbulo frontal debería de estar desarrollado, espero. Así que hacernos cargo de nuestras acciones será un factor clave para desarrollar nuestra inteligencia social, es decir, la capacidad para desenvolvernos con armonía en sociedad. Si esto te cuesta trabajo, no te apures, para eso también es este libro. Sigue leyendo y respira.

Los patrones de conducta son una forma de tantas que tiene el cerebro para ahorrar energía y trabajar con eficiencia. Son un fenómeno de habituación a través del cual nos ahorramos el desgaste calórico del proceso cognitivo (pensar, pues) y ahorramos tiempo ante una supuesta amenaza, lo cual, en muchos casos, resulta bastante positivo.

Por ejemplo, recuerdo que mi papá, desde que era chica, cuando iba manejando y de pronto frenaba el coche de golpe, solía extender el brazo derecho casi en automático para detener a quien iba en el asiento del copiloto. Ahora me sucede igual, si voy en el coche, aunque sea en el asiento de atrás, si alguien frena abruptamente hago lo mismo con mis hijos que van junto a mí. Los padres adoptamos patrones de conducta muy convenientes para cuidar de nuestros hijos. Por otro lado, los deportistas habitúan a su cerebro a determinados movimientos frente a ciertos estímulos: buscar la pelota con una raqueta y golpearla con cierta fuerza, evadir una piedra cuando se esquía a gran velocidad montaña abajo, seguir el balón con las manos para evitar que entre a una portería, etc. Son decisiones automáticas que, si esperáramos a que pasaran por todo un proceso de raciocinio en ese momento, tomarían demasiado tiempo y serían ineficaces. Por eso, los patrones de conducta pueden ser programados a voluntad, y aquí es en donde se pone más interesante el asunto, porque esto implica que a través del pensamiento y atención conscientes podemos condicionar nuestras acciones, esto es, actuar de determinada manera frente a condiciones específicas casi de inmediato o por instinto. ¿Recuerdas cuando aprendimos a anclar estímulos y sensaciones con nuestras emociones para generar estados internos específicos de acuerdo con nuestros objetivos? Pues más o menos así, pero ahora al nivel de las acciones. Es algo similar a lo que hacen los deportistas a través del entrenamiento y la práctica. La repetición de una misma acción frente a un mismo estímulo va cambiando la configuración de nuestras conexiones neuronales. Si continuamos repitiéndola aún más, esas conexiones se vuelven más ágiles y veloces. Tenemos la capacidad de moldear nuestro cerebro a voluntad gracias a la neuroplasticidad.

Aquí está el secreto: estos patrones a veces nos limitan. Nos encasillan en comportamientos o acciones que no nos benefician o nos impiden crecer. Por eso es importante ser conscientes de ellos y, si no nos gustan, extirparlos sin piedad. ¿Cómo?

Utilizando nuestro superpoder llamado *logos* para desactivarlo y crear nuevos patrones más útiles. Podemos entrenar a la mente para que elija respuestas diferentes, como un genio de la lámpara que cumple nuestros deseos de cambio.

Por estas razones, vale la pena involucrar al pensamiento consciente para determinar qué tipos de patrones de conducta te son útiles de acuerdo con tu estilo de vida y objetivos actuales, y cuáles te limitan y generan frustración. Para ello identifiquemos primero algunos de los patrones de conducta más habituales en los que podríamos estar atorados y, después, vayamos al factor de interferencia y catalizadores.

1) Monotonía: imagina despertar todos los días, ir al trabajo, volver a casa, cenar y dormir, solo para repetirlo al día siguiente. Este patrón nos atrapa en una espiral predecible que en su parte luminosa puede brindarnos seguridad y estabilidad a través de la rutina, pero en su parte oscura puede volver nuestra vida aburrida, pues da poco lugar a nuevas posibilidades que amplíen nuestros recursos y propicien nuestra evolución, o al menos nuestro gozo y diversión. Por eso, ¡rompamos el ciclo! Podemos empezar a hacer cosas nuevas y emocionantes, como probar un nuevo *hobby* o explorar lugares desconocidos. La clave está en desafiar nuestra zona de confort y darle a nuestra mente una buena dosis de aventura. Como decía Van Gogh: "Si escuchas una voz en tu interior que dice 'no puedes pintar', entonces ¡pinta! y esa voz será silenciada".

Preguntas de interferencia del patrón de monotonía

¿En qué áreas de tu vida repites rutinas automatizadas que te fueron impuestas? ¿Creciste con ellas o empezaste a repetirlas sin elegirlas conscientemente? ¿Cuáles de ellas te generan seguridad y cuáles resultan tediosas y limitantes? ¿Cuáles tienen una razón fundada y cuáles son simplemente parte de una creencia de que el orden del patrón debe de ser de una manera específica? Por ejemplo, al bañarte, ¿qué te lavas primero y por qué sigues ese orden? ¿Siempre te sientas del mismo lado de la mesa?, ¿por qué lo haces?

Catalizador del **patrón de monotonía**

Salirnos de nuestra zona de confort puede ser aterrador si no estamos acostumbrados a ello, pero también puede ser muy divertido si nos ponemos pequeños retos que nos ayuden a mirar la vida con mayor dinamismo y frescura. Esto nos permitirá replantearnos procesos que a lo mejor ya no tienen cabida o tan solo regalarnos una nueva perspectiva que nos ayude a pensar con mayor creatividad para resolver de forma novedosa problemas viejos. Cuando doy cursos presenciales, en muchas ocasiones les pido a mis alumnos que después de cada dinámica o descanso se cambien de lugar y elijan el más alejado al que habían estado ocupando hasta entonces. Esto vuelve a poner a su mente en estado de alerta para estar más atentos y receptivos, les permite observar de una forma distinta la misma situación, lo cual activa nuevos mecanismos en su cerebro, les ayuda a interactuar con personas diferentes y a crear nuevas conexiones sociales y neuronales. Eso debido a que quiero que estén bien atentos y receptivos a los estímulos externos y no se distraigan con los internos. Pero si, por el contrario, quisiera que se concentraran en una tarea analítica sin distraerse por lo que pase a su alrededor, los motivaría a mantener siempre el mismo lugar para que su cerebro se sintiera seguro y contenido, y no tuviera que estar alerta a lo que sucede alrededor en lo que acaba de asimilar e interpretar su entorno.

Por eso los animalitos son de costumbres, pues buscan ajustarse a patrones de conducta que aseguren su supervivencia y les den un sentido de seguridad. Lo mismo en la primera etapa de los bebés, en la que lo importante es velar por su supervivencia y seguridad; para ellos las rutinas y la monotonía resultan lo más conveniente. El punto es entender cuándo sí y cuándo no, para qué sí y para qué no.

Por ejemplo, cambiar el lugar en donde tienes el basurero en tu habitación, reorganizar tus muebles o cajones o modificar la ruta que siempre usas para ir al trabajo puede ser una especie de gimnasia cerebral que obliga a tu cerebro a salir de la monotonía y la automatización para mantenerse activo. Solo de vez en cuando, pues en otros momentos el no tener que pensar mucho para tomar esas decisiones diarias puede significar un ahorro importante de energía mental.

Otro aspecto interesante es que hacer a veces este tipo de modificaciones específicas y sutiles ayuda al cerebro a ser más flexible ante los cambios en general y tener mayor tolerancia a la frustración, pues trabaja los patrones de inflexibilidad del cerebro, que pueden llevarnos a presentar resistencia y falta de capacidad para adaptarnos a los cambios.

2) Competencia: todos hemos caído en la trampa de compararnos con los demás. Nos medimos por los estándares de otros y nos sentimos insuficientes, pero la verdad es que cada uno de nosotros es único y tiene su propio viaje. Sin embargo, crecemos en una sociedad y en un sistema educativo y laboral que nos incita a validarnos a través de la comparación, que a su vez fomenta la competencia. Y no es que la competencia esté siempre mal, como escuché alguna vez a un sabio decir: "Lo importante es fomentar la competencia que inspira, no la que arrastra". La que inspira es aquella que mantienes contigo mismo y te motiva a superarte todos los días. La que inspira es también la que mantienes con otros por diversión, pero basada en acuerdos respetuosos y trabajo de equipo. Me encanta la perspectiva que Fernando Platas, clavadista y medallista olímpico mexicano, me compartió sobre la competencia en la entrevista que le hice para mi pódcast *Súbele a 11*. Te la dejo por aquí para que la escuches completa, valdrá cada segundo de tu tiempo:

Fernando Platas

Por el contrario, la competencia que arrastra es aquella que denigra, que nos conecta con nuestras carencias e insuficiencias, que nos hace sentir menos por nuestras diferencias, que fomenta la separación y el individualismo en lugar de la colaboración y la compatía.

Preguntas de interferencia para el patrón de competencia

Trabajar como instructora o asesora en distintas empresas me brinda la posibilidad de conocer diferentes estilos de trabajo y dinámicas de equipo, eso me permite ampliar mi panorama y nutrirlo a través de un punto de vista más integral. Me sorprende que en este siglo XXI, en donde ya hay tanta conciencia organizacional en torno a la importancia de fomentar ambientes de trabajo que inspiren y saquen lo mejor de cada colaborador, haya aún dinámicas obsoletas de competencia que destruyen equipos de trabajo y sacan lo peor de cada individuo. Tales son las que consisten en presionar a vendedores o cobradores comparándolos con otros colaboradores del mismo equipo, ofreciendo incentivos y proclamando como campeón a quien gane y arrase con todos. ¿Qué pasaría si el incentivo fuera para el equipo completo si se alcanzara un récord? ¿O para quien impulsara más ventas brindando asesoría y apoyo a sus colegas? Como dice mi querida Moraima Martínez, eso es lo que sucede en el sistema de enseñanza actual, que educa para tener éxito en la escuela en lugar de educar para tener éxito en la vida. Y lo mismo pasa en las familias cuando se fomenta la competencia y comparación entre hermanos. ¿En cuántas de las dinámicas profesionales o familiares que lideras o en las que influyes podrías fomentar la colaboración por encima de la competencia?

¿Te sientes asfixiado cada vez que *scrolleas* por las redes y ves a gente con un mejor estilo de vida que el tuyo, con mejores viajes, mejores coches, parejas perfectas y en un eterno romanticismo, hijos sonrientes, bien portados y vestidos, más seguidores, más oportunidades, mejor cuerpo, y un inmenso etcétera? Bueno, pues ahí te va la solución que te brindará mayor bienestar y cambiará tu vida para bien: ¡DEJA DE HACERLO! PUNTO.

Para empezar, lo que ves ahí no es real, y aunque lo sabes a nivel racional, a tu psique le afecta porque no puede evitar compararse y sentirse insuficiente. Estamos programados para ello. Es un "sistema de ambición" que ya traemos en el disco duro; si no lo tuviéramos entonces la especie no evolucionaría. Este sistema de ambición está condicionado por la cultura y educación, por los filtros mentales, ya que nuestra atención aspirará hacia aquello que, según nuestras creencias, es "mejor" o es símbolo de "éxito". Esto ha variado a través del tiempo, en cada época el éxito ha significado algo distinto. Incluso el término *bienestar* es ambiguo y está sujeto a cada comunidad y tiempo. ¿Por qué cosas compites? ¿En qué aspectos te comparas? ¿Quién te hizo creer que eso era valioso?

Cuestionarte esto te permitirá darte cuenta de tus valores, es decir, de aquello a lo que le has depositado un sentido de valía en tu vida. Y esto es importante porque tu atención y tus acciones permanecerán oscilando en torno a ello eternamente, aunque sea algo inasequible o poco útil para tu felicidad o crecimiento personal. Si aquello por lo que te comparas te hace sufrir, elije otro lugar hacia el cual dirigir tu atención. Por ejemplo, si tienes una condición de salud o genética que no te permite tener un abdomen marcado, pero estás rodeado de personas que le otorgan a eso un valor inmensurable, cuyas conversaciones y estilo de vida giran en torno a ello, ¡para de sufrir! Antes de recurrir a tu octava cirugía estética, ¡cambia de ambiente! Busca nuevas personas que te regalen estímulos diferentes, que te permitan acceder a nuevas experiencias de vida a través de las cuales seas capaz de valorar lo que sí tienes. Atorarte ahí sería lo equivalente a ser un águila que todos los días se lamenta por no tener el festival de colores que ofrece el pavorreal, en lugar de darse cuenta de su propia riqueza.

Catalizador para el **patrón de competencia**

Cuando surgen conferencistas, *coaches*, escritores y especialistas en mi ámbito que llaman la atención, mi gente cercana me hace comentarios como: "¿Ya viste a tu nueva competencia?", "No te fijes, tú eres mejor", "¿Ya viste que te están pisando los talones?", "¿Ya escuchaste a aquella persona hablando de lo mismo que tú?". Me da risa, sé que me lo dicen con la mejor de las intenciones, porque así nos educa la sociedad, a crecer compitiendo, en miedo constante a que nos quiten el bocado o nos roben lo que nos corresponde, a ser más rápidos o más "chingones" para que no nos ganen esa oportunidad. Pero te tengo una noticia, bueno tres:

- **a)** La ley del más fuerte ya no aplica. Es unidos como somos más fuertes.
- **b)** Ya no triunfa el que manipula y busca de manera egoísta su propio beneficio. Si es el caso, es solo porque no sabe persuadir (como prueba está mi otro libro).
- **c)** Ya no somos cazadores que dependen de la caza del día para sobrevivir; hay para todos.

Porque tengo esta certeza y la he comprobado toda mi vida, siempre les contesto: "¿Competencia? ¿Qué es eso? Yo no tengo competencia". Y no lo digo con soberbia porque piense que soy la mejor, lo digo más bien porque creo que soy única. Muchos hablarán de lo mismo, pero no lo harán ni de la misma manera ni desde el mismo lugar que yo, porque, ¡fíjate de nuevo en el Proceso de Manifestación de Realidades! Aunque la acción sea aparentemente la misma, el lugar de donde viene cada uno es diferente. Al contrario, pienso que una persona que se dedica a lo mismo que yo es porque tiene intereses y propósitos similares, son almas con las que comparto una misión, y si encontramos la forma de colaborar en lugar de competir, podremos impactar más corazones y resonar más fuerte. Así que muéstrame al más poderoso competidor y te mostraré a mi más poderoso aliado.

Por ello, este catalizador corresponde a tu poder como alquimista para:

a) Transformar a tus competidores en aliados. Si diriges tu *logos* a sumar, colaborar y fomentar un ganar-ganar, eso encontrarás. Si lo diriges a destruir, pelear y vencer, basarás tu existencia y tu éxito en las desgracias de otros. ¿Así quieres vivir? Recuerda, si modificas tu creencia cambias tu diálogo interno, y con ello, cómo te sientes con respecto a algo o alguien, así como la actitud que tienes ante esa circunstancia o persona y la forma en la que actuarás al respecto.

b) Diferenciarte a partir de tu capacidad de servicio. Imagina que en lugar de hacer las cosas para ganarle a alguien o para ganar algo lo hicieras con la intención de servir más y mejor. Si tu *logos* se enfoca en cómo puedes aportar más con aquello que haces, eso te volverá más valioso, y al ser más valioso muchos te elegirán por ello y el estatus o ganancia económica serán una consecuencia del valor que aportas. Esto será un gran diferenciador en la vida, sea cual sea el producto o servicio que ofrezcas. Cambiar el enfoque te ayudará a definir quién eres para actuar desde un nivel de conciencia distinto y obtener nuevos resultados.

3) Autosabotaje: a veces somos nuestros peores enemigos. Nos autosaboteamos cuando subestimamos nuestras habilidades, dudamos de nosotros mismos y nos dejamos llevar por el miedo al éxito. Pero ¿y si te digo que eres más capaz de lo que piensas? Yo creo que todos hemos experimentado alguna vez el famoso síndrome del impostor, ¿has oído hablar de él? Se trata de esa vocecita en nuestra cabeza que nos dice que somos un fraude y no merecemos el éxito o los logros que hemos obtenido. Aunque tengamos pruebas tangibles de nuestras habilidades y conocimientos, nos sentimos como si estuviéramos engañando a los demás y que en cualquier momento seremos descubiertos como unos impostores. Curioso, ¿cierto? Dicen que Einstein declaró en alguna ocasión sentirse así, o sea que ni él ni su mente privilegiada se escaparon de este patrón de conducta. Este síndrome puede llevarnos al autosabotaje, impidiéndonos aprovechar al máximo nuestras oportunidades. Nos aferramos al miedo al fracaso y nos autosaboteamos, dejando de tomar riesgos o subestimando nuestros logros. Es como si tuviéramos un saboteador interno que se empeña en mantenernos en nuestra zona de confort. Entonces, ¿cómo podemos identificar si estamos experimentando el síndrome del impostor? Bueno, invoquemos al *logos*.

Preguntas de interferencia del autosabotaje

- ¿Tengo dudas excesivas sobre mis habilidades?
- ¿Suelo atribuir mis logros al azar o a la suerte?
- ¿Me siento incómodo al recibir reconocimientos?
- ¿Siento un extraño temor de ser descubierto como un fraude?

Catalizador del autosabotaje

¿Cómo superar el autosabotaje? Primero reconoce y acepta que el síndrome del impostor es una experiencia común y que muchas personas talentosas también lo han sentido. No estás solo en esto. Así que aquí hay algunas herramientas que yo misma he encontrado útiles tanto para mí como para mis clientes y alumnos:

a) **Reconoce tus logros y habilidades:** es importante tomar conciencia de tus logros y reconocer tus habilidades. Haz una lista de tus éxitos pasados y actuales, y revísala periódicamente para recordar todo lo que has logrado. A mí me ha servido también hacer una lista de mis luchas y esfuerzos, como un recuento del camino recorrido. Otra cosa que no solía hacer y ahora he hecho estando más consciente es celebrar mis avances y éxitos, y es que a veces nos vamos en automático sin valorar el camino; te recomiendo no esperar hasta obtener resultados extraordinarios, cada paso es algo que debes reconocerte para que cuando obtengas lo que buscabas puedas valorar tu esfuerzo y reconocer que tus resultados son producto de tu arduo trabajo y talento.

b) **Cuestiona tus filtros internos y diálogo interno limitantes:** el síndrome del impostor se alimenta de pensamientos negativos y creencias autodestructivas. Cuestiona esos pensamientos y pregúntate si en realidad son ciertos. Desafía tus creencias limitantes y reemplázalas por afirmaciones positivas y realistas sobre ti mismo. Recuerda que todos cometemos errores y tenemos áreas de mejora, ¡es parte del crecimiento y eso no te convierte en un fraude!

c) **Acepta el fracaso como parte del aprendizaje:** el miedo al fracaso es uno de los factores clave del síndrome del impostor. Cambia tu perspectiva y considera el fracaso como una oportunidad de aprendizaje y crecimiento. Porque, ¡vaya que lo es! La experiencia te hace mucho más valioso si eres capaz de aprender sobre aquel camino recorrido, ya sea que te haya llevado o no a donde esperabas. Aprende de lo que no salió como querías, valora lo que hiciste bien, analiza lo que puedes mejorar y sigue adelante con determinación. Recuerda que los errores no te definen, son solo experiencias que te ayudan a crecer.

d) **Busca apoyo y comparte tus sentimientos:** no enfrentes el síndrome del impostor en solitario. Busca el apoyo de personas de confianza, ya sean amigos, familiares o incluso profesionales. Comparte tus sentimientos y preocupaciones con ellos, y permíteles brindarte su perspectiva y apoyo. A veces tan solo hablar sobre tus experiencias puede aliviar la carga y ayudarte a ganar perspectiva.

e) **Aprende a aceptar cumplidos y reconocimientos:** muchas personas que experimentan el síndrome del impostor se sienten incómodas al recibir cumplidos y reconocimientos, sienten que la gente las está adulando por quedar bien, por lástima o por convivir. Aprende a aceptarlos de manera genuina y agradecida. Reconoce que los demás te ven y valoran por tus habilidades y logros, y date permiso para creer en ti mismo.

4) Sobreexigencia: ¡alerta, perfeccionistas en acción! Este patrón nos hace establecer estándares imposibles y perseguir la perfección en cada aspecto de nuestra vida, sintiendo una presión constante por lograr la perfección. Nos castigamos severamente por cometer errores y no nos sentimos nunca satisfechos con nuestros logros. Híjole, este cómo pesa, yo misma he tenido que hacer un magno esfuerzo para sacudirme este patrón. Pero déjame decirte algo, la perfección es una ilusión, en realidad no existe. Lo que para ti es perfecto seguramente no lo será para otros, y lo que te parece perfecto ahora, probablemente te resulte imperfecto más adelante, cuando cuentes con nuevos recursos, experiencias y mires las cosas desde un nivel distinto de percepción y conciencia. Así que, si ya sabes que así será, ¡haz lo mejor que puedas desde los recursos que tienes en este momento! Porque si no esa idea o proyecto se quedarán guardados en el cajón toda la eternidad esperando a que te sientas más capaz, estés más preparado, tengas más posibilidades, sepas más, y todos esos etcéteras que nos sacamos de la manga para postergar. Piensa en cuántas personas estás privando de tu talento por temor a no hacerlo perfecto, cuando tal vez hacerlo "suficientemente bien" hubiera sido mejor que no hacerlo. A veces el miedo, la procrastinación y el autosabotaje se disfrazan de sobreexigencia y perfeccionismo, ponte abusado.

5) Búsqueda de validación externa: en este patrón buscamos constantemente la aprobación y validación de los demás para sentirnos valiosos y seguros. Ponemos nuestra felicidad en manos de los demás y nos volvemos dependientes de su opinión. Romper con este patrón requiere desarrollar una autoestima sólida y aprender a valorarnos a nosotros mismos, reconociendo que nuestra valía no depende de la aprobación externa. Es posible que este patrón se haya desarrollado en la adolescencia, déjame explicarte por qué. En esa época de tu vida tu cerebro identifica que tus padres, abuelos y tíos, quienes tal vez habían sido tus proveedores de seguridad y cariño hasta entonces, no estarán ahí para siempre, y si quieres sobrevivir necesitas caerle bien y ser querido por los de tu edad, pues serán quienes crecerán contigo y constituirán tu tribu o clan. Aquí es también cuando aparecen la culpa y la vergüenza con fines similares, ¿recuerdas? Por eso, en ese momento de tu vida no había nada más importante para ti que ¡pertenecer! Y si eso implicaba quedar mal con tus papás y tener que aguantarte uno que otro regaño, pues total, ellos no dejarían de quererte o al menos no podías depender de ellos para toda la vida (no lo digo yo, lo dijo tu cerebro puberto). Es más, si pertenecer implicaba vestirte o peinarte de manera ridícula, hablar raro y comportarte como simio, pues también estaba bien, porque tooodo tu círculo de amigos lo hacía y así podías ser uno más. ¿Cierto? Entonces, en esa época aprendimos que la validación externa era fundamental para nuestra subsistencia. Pero ¿qué crees? Ya no eres un adolescente. Y mira, está bien que busques llevarte bien con la gente y tengas inteligencia social, finalmente el mundo está hecho de gente y nos necesitamos entre todos, pero de ahí a perder el límite y vivir para complacer a otros o valorarte a ti mismo en función de la mirada ajena, pues eso ya puede convertirse en un patrón de conducta destructivo.

6) Evitación del conflicto: en lugar de enfrentar y resolver los conflictos de manera constructiva, evitamos confrontaciones y preferimos mantener la paz a costa de nuestras propias necesidades y deseos, nos hace caer en la pasividad o sumisión. Este patrón puede generar resentimiento y frustración a largo plazo. Romper con este patrón implica desarrollar habilidades de comunicación asertiva, persuasión, construir acuerdos saludables y aprender a abordar los conflictos de forma respetuosa y constructiva.

Catalizador del patrón de evitación del conflicto

Desenmascarar a los villanos de la comunicación puede ayudarte a identificar aquello que no has hecho del todo bien cuando tratas de expresar tus ideas y que tal vez te han traído resultados negativos que hoy te hacen caer en este patrón de pasividad. Acabemos con él venciendo a los villanos:

Los villanos de la comunicación

Estos son algunos patrones de conducta que demuestran algunas de las tendencias con las que a veces actuamos sin cuestionarnos si existen otras posibilidades, lo cual limita nuestros resultados; por ello, hacer conscientes los patrones de conducta a los que más recurrimos es fundamental para poder retomar un control saludable sobre lo que queremos crear en la vida.

Preguntas de interferencia de los patrones de conducta y emociones

¿Alguna vez has hecho conciencia sobre cómo estás habituado a responder cuando experimentas las emociones? Cuestiónate:

¿Qué hago ante el miedo?: ¿Me escondo y me retraigo? ¿Ataco? ¿Grito? ¿Me pongo a la defensiva? ¿Lo demuestro a través del enojo? ¿Me sirve como propulsor o me paraliza? ¿Qué me digo a mí mismo cuando lo experimento en un contexto profesional? ¿Me siento ansioso y me preocupo de más? ¿Me bloqueo y no sé qué hacer? ¿Recurro a alguien o a algo para sentirme más seguro?

¿Qué hago ante la tristeza?: ¿Contengo las lágrimas? ¿Finjo? ¿Me alejo o aíslo? ¿Trato de distraerme con algo para evitar tocar la emoción? ¿A qué personas acudo por consuelo y cómo es el apoyo que me brindan? ¿Es lo mejor que puedo hacer y las personas ideales a las cuales acudir? ¿Me permito llorar? ¿Me siento avergonzado cuando la gente me percibe triste o llorando? ¿Me vuelvo reflexivo? ¿Me inspira y la expreso artísticamente? ¿Siento pérdida de interés por actividades que normalmente disfruto y qué hago antes esta falta de interés? ¿Me procuro autocuidado y me consiento? ¿Me siento mal conmigo mismo y me autocastigo por sentirme así? ¿Busco ayuda profesional? ¿No busco ayuda profesional?, ¿por qué?

¿Qué hago ante la ira?: ¿La contengo o reprimo? ¿La expreso? ¿Confronto a lo que me hace enojar? ¿Agredo física o verbalmente? ¿Aviento o golpeo objetos? ¿Me autosaboteo? ¿Aumento la intensidad y el volumen de mi voz? ¿Digo cosas de las que después me arrepiento? ¿Daño mis relaciones? ¿Me daño a mí mismo? ¿Chantajeo emocionalmente? ¿Me alejo para calmarme? ¿Cómo la desahogo o regulo? ¿Soluciono lo que me molesta asertivamente? ¿La manera en que la manejo me ayuda a resolver o me hace complicar más las cosas?

¿Qué hago ante la culpa?: ¿Me autocastigo o agredo física o verbalmente? ¿Me victimizo? ¿Me retraigo o alejo? ¿Me enojo conmigo o con los demás? ¿Evito la confrontación por vergüenza? ¿Trato de depositar la culpa en alguien más justificándome a toda costa? ¿Actúo con indignación? ¿Analizo lo que sucedió para crecer a partir de ello? ¿Busco cómo resolver el problema, compensar o reparar el daño?

¿Qué hago ante las distintas emociones?: ¿Mi modo de reaccionar me sirve y me define desde mi más alta posibilidad o es simplemente la conducta a la que mi cerebro está habituado?

Catalizador de los patrones de conducta

Y entonces, ¿cómo cambio un patrón de conducta obsoleto o limitante por otro?

Imagina que toda la vida has fortalecido tu brazo derecho. Un día vas caminando por la calle y te tropiezas, ante el riesgo de un golpe tu cerebro manda un impulso a tu brazo derecho para que se active al instante y al caer puedas sostener tu cuerpo con él alejándote del piso, y eso haces. Otro día, platicando con la persona de junto, de pronto escuchas gritos, ves de reojo un balón y te proteges golpeándolo con el brazo derecho hacia otra dirección. Te das cuenta de que en situaciones en las que no tienes tiempo de pensar y debes actuar en automático tu cerebro elige constantemente el brazo derecho, pero... ¡ya no quieres meter el brazo derecho porque estás harto de que siempre sea el mismo brazo! ¿Qué harías? Apuesto entonces que tendrías que ir al gimnasio a trabajar los músculos de tu brazo izquierdo para que, a través de la disciplina y constancia, este tenga más fuerza que el derecho y puedas usarlo si así lo quieres y que, al final, ante una situación, tu cerebro elija el izquierdo por *default*.

Pues así mismo le hacemos con los patrones de conducta. No basta con enfocarnos en aquellas acciones que ya no queremos realizar, necesitamos darle al cerebro algo nuevo que hacer para que pueda enfocar su energía en ello y, a través de la repetición y la constancia, los patrones neuronales empiecen a reconfigurarse y nuestras conductas inconscientes cambien. Pero para poder lograrlo necesitamos hacerlo mediante el pensamiento consciente. En específico, a través de convertir en habitual aquello que todavía no lo es.

Catalizador **"construcción de hábitos"**

Voy a confesarte algo, a pesar de que llevo tres meses despertándome a las 5 a.m. para escribir este libro, yo jamás fui una persona que amara madrugar, más bien me parecía que todos los que lo hacían debían cuestionar su salud mental. No era lo mío. Primero, porque estaba más acostumbrada a crear de noche, ya que era ese momento de silencio y calma en el que podía recluirme en la privacidad de mi cuarto sin ninguna distracción (beneficios de ser hija única) y ponerme a escribir poemas, canciones, meditar, leer, etc. Posteriormente me dediqué por un tiempo a la música y ese ambiente es definitivamente nocturno: los ensayos, shows y hasta reuniones de trabajo son en su mayoría por la noche. Así que me acostumbré rápido a la idea que tenían mis compañeros de que "antes de las 9 a.m. no son horas del rock". Y con eso construí una creencia. Después entré a dar clases a la Universidad Anáhuac y algunos de mis grupos tenían horario de 7 a.m. ¡Qué suplicio tener que levantarme a las 6 a.m. para después tener que estar completamente alerta a la hora de clase, sufrí cada levantada durante dos años!

Ah, pero después me casé y tuve hijos, y con los hijos se esfumó mi posibilidad de despertarme a las 8 a.m., la cual consideraba una hora bastante decente. Es más, no solo eso, también se esfumó cualquier posibilidad de dormir una noche de corrido. Como diría la canción de José Luis Perales: "Y se marchó...". Sin embargo, fíjate cómo somos tercos como mulas; en lugar de decidirme a cambiar esa creencia y ese hábito, seguía sufriendo cada vez que alguno de mis críos osaba acudir a mi cama a las 6 a.m. con alguna solicitud como: "¿Podemos jugar?" o "¡Tengo hambre!", y me paraba yo arrastrando la cobija, mal y de malas. Caray, la pasaba pésimo. Después descubrí el "me dispongo a..." y entonces me paraba bien y de buenas, pero igual arrastrando la cobija y lamentándome no poder dormir dos horas más.

¡Hasta que surgió la oportunidad de escribir este libro! A partir de ello, por el ajetreo diario, tomé la valiente decisión de poner a prueba una hipótesis que había comprobado en mí y en otras personas en muchos casos, pero nunca de una manera tan tajante y drástica: decidí construir el hábito de las 5 a.m. para poder escribir durante dos horas antes de despertar y preparar a mis hijos para ir a la escuela. ¿Y por qué a las 5 a.m. y no a las 11 p.m., como estaba acostumbrada? Porque ya había leído hace tiempo el libro *El club de las 5 de la mañana* de Robin Sharma, el cual me ayudó a entender los grandes beneficios que trae levantarse a esa hora asociados con la concentración, creatividad y un montón de cosas; aunque, hasta hace algunos meses, me había negado rotundamente a probarlo.

Tu cerebro está cableado de tal forma que cree que todo aquello que es agradable es bueno para ti y por lo tanto debe promoverlo, y para hacer que quieras seguir repitiendo aquello que es dizque bueno, cuando percibe algo placentero, entonces libera un neuromodulador llamado dopamina, sí, el dichoso pegamento mental que hace que desarrolles un gusto, compulsión o hasta una adicción a aquella sensación. Por el contrario, tu cerebro cree que todo lo que es desagradable es malo y debe evitarlo. En este caso, pondrá en marcha un mecanismo para autosabotearte y obligarte a dejar de repetir esa conducta que, según él, es negativa. Aunque naturalmente, tú y yo sabemos que no todo lo que te produce placer te generará beneficios; he ahí esos hábitos molestos de los que no puedes deshacerte aún. También sabemos que no todo lo que hoy te resulta desagradable, pues no estás acostumbrado a ello, es malo, al contrario.

Entonces, ¿cómo convencer al cerebro de lo que en verdad te conviene? ¿Has escuchado alguna vez la frase: "Si no puedes convencerlo, confúndelo"? Pues eso es exactamente lo que vamos a hacer, aprender a contarle las mentiras correctas. El método consiste en engañar al cerebro haciéndole creer que aquellas acciones que estamos empezando a hacer y que son nuevas para él son algo que elegimos, que hacemos voluntariamente y por gusto, porque es lo que deseamos fervientemente y lo que es bueno para nosotros.

1) **Consejos para la construcción de hábitos: asegúrate de que tu cuerpo, tus emociones y tus pensamientos le digan a tu cerebro que eso es algo que deseas hacer, que disfrutas y que es bueno para ti.** Pero ¿cómo alineo mis emociones para ello? ¡Pues a través de tu lenguaje corporal! Recuerda que los estímulos que provocan las emociones pueden ser externos o internos. Si tú actúas de acuerdo con la emoción que quieres generar, después de un par de minutos tu cuerpo la detectará y producirá la emoción correspondiente. Empieza actuando como si estuvieras emocionado por lo que vas a hacer: ¿cómo sería tu postura?, ¿cómo te moverías?, ¿cómo serían tu expresión facial, tu voz y tu mirada?, ¿cómo te arreglarías o vestirías para algo que te entusiasma? Ajústate externamente para provocar que tu cerebro te ajuste internamente.
2) **Para que nuestro cerebro no rechace esa actividad nueva, vamos a convencerlo de que no es tan desconocida como cree y que es más familiar de lo que parece.** Lo podemos hacer a través del apilamiento de hábitos. Este consiste en asociar hábitos ya instalados o acciones que nos producen placer, con aquella nueva conducta. Repetir todos los estímulos de manera consistente y ordenada, como lo expliqué en el catalizador de estímulos y sensaciones, te ayudará a generar cada vez más rápido el estado interno que necesites.

Ahora profundicemos en el proceso de construcción de hábitos. Cada hábito sigue un bucle: señal, rutina y recompensa. La *señal* es el desencadenante que activa el hábito, como el olor a café por la mañana que te impulsa a tomar una taza. La *rutina* es la acción en sí misma, como tomar el café. Y la *recompensa* es el beneficio o satisfacción que obtenemos al realizar la rutina, como la energía y el placer que nos brinda el café.

Para construir nuevos hábitos, establece señales claras y tangibles que te recuerden realizar la rutina deseada. Si quieres comenzar a hacer ejercicio, deja tus zapatos junto a la puerta para recordarte ponértelos y salir a correr. Además, busca recompensas que te motiven a seguir adelante. Puede ser la sensación de logro y bienestar que obtienes después de hacer ejercicio o puede ser ese audiolibro fascinante que escuchas mientras sales a correr.

Pero ¿qué pasa con esos hábitos negativos que nos persiguen como un perro tras un hueso? ¡No te preocupes, hay una solución! Primero debes identificar las señales que te llevan a realizar esas acciones no deseadas. Puede ser el estrés, el aburrimiento o incluso ciertos lugares que tienes asociados con una acción o comportamiento. Por ejemplo, tal vez tienes asociado ir al cine con comer comida chatarra, o sentirte estresado con fumar un cigarrillo, o estar triste con no levantarte temprano. Una vez que identifiques esas señales o asociaciones, busca alternativas saludables y gratificantes. Si fumas cuando estás estresado, puedes probar técnicas de relajación como la meditación o el yoga. El objetivo es solucionar el problema desde la raíz en lugar de enfocarte solamente en el comportamiento. Deshacer hábitos negativos no es tarea fácil, pero tampoco imposible. Reemplaza esos hábitos no deseados con alternativas más saludables y gratificantes. Si deseas dejar de comer comida chatarra, busca opciones deliciosas y nutritivas que satisfagan tus antojos y ¡disfruta tu película sin culpas!

Recuerda que construir y deshacer hábitos requiere paciencia y perseverancia. No te desanimes si tropiezas en el camino, ¡es parte del proceso!

Y si te estás preguntando si acaso logré instalar el hábito de despertarme a las 5 a.m. con todas estas técnicas, la respuesta es: ¡funciona! Mi tesis se confirma una vez más. Los primeros días mi cuerpo lo resintió, amanecía con los párpados superhinchados, los ojos rojos, mi mente estaba desenfocada y adormilada mientras escribía, me sentía hipercansada por la tarde y a las 7 p.m. ya no podía más. Pero el día 11 me anticipé a la alarma, me levanté fresca y todo fluyó. Puedo decir que el día 12 declaré oficialmente instalado este hábito que me ayudó durante tres meses a convertir este libro en una realidad.

FACTOR 10 RESULTADOS

Pasamos toda la vida capacitándonos para hacer cosas y definir quiénes somos a partir de lo que hacemos: soy mamá, soy escritora, soy conferencista, soy asesora, soy hija, soy esposa, soy amiga, soy mexicana, soy mujer, etcétera. Por eso la mayoría de las personas entran en crisis cuando pierden su trabajo o su puesto profesional, título o jerarquía cuando pierden su nivel socioeconómico, cuando su negocio fracasa, cuando sus padres fallecen, cuando sus hijos se van y hacen su vida, cuando su pareja toma otro camino, etc. No digo que no debamos sentir la tristeza y atravesar el luto, digo que no debemos entrar en crisis. El problema es que si definimos nuestra identidad a través de lo que hacemos, de las otras personas o de nuestros resultados, estamos haciendo las cosas al revés. En lugar de definirnos en función de lo que hacemos, debemos hacerlo en función de lo que somos. ¿Qué clase de mamá, escritora, conferencista, asesora, hija... ser? Ese es el verdadero asunto.

¿Y cómo sabemos quiénes somos? ¿A qué me refiero con ser? Muchos libros, documentales y películas hablan sobre el poder del decreto, ¿cierto? Que si deseas algo debes pensarlo y decirlo, escribirlo, expresarlo y reiterarlo. Pero, como hemos hablado, creamos nuestra realidad en función de lo que somos y no, no somos solo nuestros pensamientos; somos lo que resonamos en distintos niveles, una retroalimentación constante entre nuestra mente circunscrita y la no circunscrita; somos la suma de nuestras emociones, reflejos, pensamientos inconscientes, los conscientes, los sentimientos que provocamos, los estados de ánimo que perpetuamos, las actitudes desde las cuales hacemos las cosas y nuestras acciones. Cuando cada uno de estos factores resuena en consonancia, entonces su energía es tan poderosa que cambiamos la señal que recibe el proyector y por ende el holograma que proyecta en nuestra existencia tridimensional aquello a lo que llamamos resultados o experiencia de vida. Por ello, hacer miles de cosas e invertir nuestros esfuerzos y acciones inconscientemente para obtener resultados y poder entonces definir quiénes somos a partir de ellos es el camino incorrecto. El camino correcto implica utilizar el Método de Transmutación de Realidades para crear aquello que quieres ser y entonces, desde ese lugar, hacer lo que quieres.

Como dice Neale Donald Walsch: "Whatever you are being you are creating". Es decir. "Lo que sea que estés siendo, estás creando". Así que, ¿quién estás siendo en este momento?

Como mencioné antes, no somos resultado de nuestra genética sino de nuestros hábitos. La epigenética ha demostrado que aun si nuestros genes cargan con cierta programación y potencial para desarrollar condiciones específicas, la realidad es que origen no es destino. Lo que sí heredamos son los filtros mentales, patrones de pensamiento y patrones de conducta, esos hábitos que repetimos sin cuestionarnos y que acaban por hacer que los códigos latentes en nuestro ADN se activen.

Por ello, si queremos cambiar esos resultados, debemos cuestionar el proceso a través del *logos* e interferir conscientemente para cambiar la dirección de nuestro destino.

En esta ocasión voy a enfocarme en aquella parte del *logos* que se refiere a la atención consciente.

Empecemos por comprender este principio fundamental:

A donde pones tu atención va tu energía, a donde va tu energía eso crecerá, eso se volverá abundante. ¡Uff, cómo te he repetido esto a lo largo del libro! Espero que a estas alturas ya lo tengas tatuado.

La abundancia no es algo que va y viene, algo que tenemos o dejamos de tener, es algo que somos. Al igual que el universo y la naturaleza, somos abundancia en todo su esplendor, porque la abundancia es energía en movimiento. El tema de la energía es precisamente que está en constante transformación y movimiento. Por ello se mueve de lugar, y en donde se deposita, eso será lo que abundará. Como en la música: si deposito mi energía con fuerza sobre la tecla de un piano para tocar un do, esa nota sonará, y a través de estos movimientos de energía se crean ritmos que podríamos ver dibujados en ondas. En el cosmos existen patrones a través de los cuales se mueve esta energía y su movimiento da lugar a fenómenos cíclicos que tanto la astrología como la astronomía estudian. En la naturaleza existen también patrones y ciclos, por ejemplo, los ritmos circadianos, las estaciones del año, etcétera. Enfoquémonos por un momento en estos ciclos que vemos y vivimos más de cerca. Cuando es primavera hay abundancia de espárragos, fresas, tulipanes, lirios, jacintos y mucha lluvia y sol. Cuando es otoño abundan las calabazas, uvas, manzanas, crisantemos, dalias, abetos y climas frescos. Y así me podría ir con cada una. Notaríamos entonces que siempre hay algo que abunda, ¿correcto? La naturaleza no se queja de que no hay flores cuando hay nieve, porque sabe que eso es lo que corresponde. Pero el ser humano sí. Se le olvida su propia naturaleza. Y entonces vive pensando que está carente. Implora por abundancia, teme la escasez, como si eso fuera posible. Pero si se diera cuenta de que su energía es también cíclica y tiene ritmos, entonces fluiría con ellos, pondría atención y sacaría provecho de aquello que abunda en ese momento en su vida en lugar de lamentarse de que su energía no está haciendo otro aspecto de su vida florecer. Piénsalo así: si dividiéramos los aspectos que conforman tu vida en crecimiento personal, desarrollo profesional, pareja, familia, amistades, paternidad y desarrollo espiritual, te darías cuenta de que cuando esa energía se mueve, florece uno de esos aspectos y otros entran en periodo de receso o hibernación para fortalecerse a través de las pausas y los silencios. Entonces, si en lugar de lamentarte y encapricharte porque "no tengo pareja y quiero una" te dieras cuenta de que tu desarrollo profesional está floreciendo en ese momento, aprovecharías y disfrutarías; si en lugar de deprimirte porque tu desarrollo profesional de pronto parece estancarse y te dieras cuenta de la cantidad de oportunidades de crecimiento personal y espiritual que están llegando a tu vida, invertirías tu pensamiento en sacar el mayor provecho de ese momento.

Ahora que ya comprendimos que siempre de los siempres hay abundancia, porque es lo que por naturaleza eres, la pregunta es: ¿qué quieres que abunde en tu vida? Y esta pregunta es muy importante, ya que, a diferencia del cosmos, la naturaleza, los animales y las plantas, los seres humanos tenemos un principio divino que radica en nuestra capacidad para dirigir esa energía y crear a voluntad. ¿Y cómo lo hacemos? A través de la atención consciente. Porque en donde ponemos nuestra atención va nuestra energía y eso crece.

Entonces, ¿en dónde debo depositar mi atención para crear a voluntad? ¡He aquí otra gran revelación de la importancia de este Método de Transmutación de Realidades y de comprender este proceso!

Los seres vivos cuentan con una energía operativa que les permite hacer. Y la mayoría de los seres hacen en función de sus programaciones, no de su voluntad. Las flores están programadas para crecer hacia el sol, abrirse, emanar un aroma, marchitarse. De la misma manera hacen los animales y hacen otras plantas. A esta energía operativa se le llama también fuerza vital, fuerza de vida, chi, aliento de vida, prana, etc. Los seres humanos la tenemos también: es a través de ella que funcionan nuestro cuerpo y nuestro cerebro. Pero nosotros tenemos también otro tipo de energía además de la operativa, se trata de la energía creativa.

Para entenderlo mejor, imagina que tienes una televisión que está transmitiendo lo que recibe por medio de su antena (bueno, imagina una de esas televisiones viejitas). Además de estar enchufada a la transmisión a través de la antena, necesita conectarse a una fuente de luz eléctrica para mantenerse encendida. ¿Qué pasa si desenchufas la televisión de la luz? ¿Desaparece la señal? No, ¿verdad? La señal se sigue transmitiendo, pero la televisión no la capta porque está apagada. Bueno, pues más o menos así. Piensa ahora que la corriente que hace que la tele funcione, en nosotros es la fuerza vital o energía operativa, y la señal es otro tipo de energía, en nosotros sería la energía creativa a la que algunos llaman alma. Esa energía creativa no viene de un lugar circunscrito a nuestro cerebro, viene del búho, de una conciencia superior, de ese lugar desde el cual te observas a ti mismo y te haces consciente de aquello que eres, sientes, piensas o haces. Y a ese lugar se accede solo por medio de la atención. Si no pones atención a lo que eres, sientes, piensas o haces, entonces estás funcionando a nivel operativo. Pero si pones atención, entonces puedes dirigir de manera consciente y deliberada la energía a través de la cual creas tu existencia. Ojo, si no la diriges, esa energía creadora sigue estando ahí, pues no puede evitar existir. La diferencia es que se moverá al azar, de forma involuntaria; se convertirá en una energía ciega, que igual crea, pero sin conciencia de lo que crea. La energía creadora que viene de la mente no circunscrita a través de la atención impacta la energía de nuestros procesos humanos, haciéndola crecer y revolucionarse.

Con la atención impactamos:

- Nuestras emociones, que ya dijimos que son energía en movimiento.
- Nuestro diálogo interno, que ya dijimos que está compuesto de descargas de energía.
- Nuestros sentimientos, que son la suma de emociones y pensamientos.
- Nuestras actitudes, que ya dijimos que son el factor de resonancia.
- Nuestras acciones, que claramente son energía en movimiento.

Así que, queridos míos, a través de la atención consciente dirigimos nuestra energía, y la atención consciente se invoca mediante el pensamiento consciente.

Entonces, ¿somos resultado de nuestros pensamientos? Sí, nosotros como seres somos mucho más que nuestros pensamientos, pero nuestros resultados en la vida sí son producto de nuestros pensamientos y palabras, de nuestro *logos*.

Catalizador ontológico de los resultados

Cuando buscamos obtener resultados distintos, aplicar el Método de Transmutación de Realidades acompañado de un profesional puede ser una gran idea. Una buena opción es el *coaching ontológico*, ¿has oído hablar de él? Este proceso de acompañamiento se centra en ayudarnos a descubrir cómo es que cada uno de nosotros percibimos y construimos nuestra realidad a través del lenguaje, las emociones y la forma en que nos relacionamos con nuestro cuerpo. Busca generar aprendizaje y transformación personal al tomar conciencia de nuestras formas habituales de ser y actuar, ampliando nuestro repertorio de acciones y explorando nuevas posibilidades. El *coaching* ontológico se recomienda en una variedad de casos, tanto a nivel personal como profesional. Puede ser beneficioso para aquellos que deseen mejorar sus habilidades interpersonales. También es útil para aquellos que buscan una mayor autoconciencia, claridad en sus objetivos y propósito de vida, así como desarrollo de su potencial personal. Además, puede ser valioso en momentos de transición, desafíos profesionales o personales, y cuando se busca un cambio significativo en la forma de pensar, sentir y actuar en el mundo. Recuerda que los resultados son un factor en el proceso, mas no tu objetivo final. Porque tu objetivo final, esa meta destino, va más allá de tus resultados aparentes, y se llama *evolución*.

Piensa en esto: ¿te gustaría que cada circunstancia en tu vida estuviera al servicio de tu evolución personal? ¿Que cada situación que vivas o persona que conozcas contribuyan a convertirte en una persona más plena, capaz de ser feliz y de trascender las barreras de tu mente? ¿Te gustaría aprovechar el dolor, aquel que es inevitable e inherente al ser humano, como un atajo para crecer y expandir tu conciencia en lugar de sufrirlo y padecerlo? Si tu respuesta a más de una pregunta es "sí", entonces por consenso establezcamos el sentido de evolución como aquella variable a la cual aspiraremos a lo largo de este proceso y de la vida, ¿te parece bien? Porque así sabemos hacia dónde vamos y con qué fin emplearemos esos pensamientos conscientes. Esto nos permitirá además no dejarnos confundir con los resultados que obtenemos, ya que sean como sean, vengan como vengan, ¡son útiles para nuestra evolución! Claro, si sabemos aprovecharlos.

Por eso, trabaja en lo que quieres, gestiona el proceso a tu antojo, aplica el Método de Transmutación de Realidades con conciencia, invoca al *logos* y, después, ¡desapégate de los resultados! Si haces tu parte, verás cómo todo llega en el momento y de la forma en que realmente lo necesitabas. Déjate sorprender por la vida y suelta.

Sé que se dice fácil y cuesta un montón de trabajo, pero para ello empezar a ver la vida con menos resiliencia y más pronoia es un camino de mayor sabiduría. Fíjate cómo el engaño de la resiliencia nos ha llevado a creer que debemos resistir, ser fuertes, luchar, ser guerreros, aguantar... cuando en realidad nadie ni nada está en nuestra contra, aunque así parezca. Todo pasa para algo, y si miramos la vida desde la perspectiva del búho, encontraremos la perfección en el aparente caos y podremos observar desde un lugar donde nos demos cuenta de que estamos seguros y no hay nada que resistir ni nadie contra quien luchar. *El alquimista no lucha con la vida; la abraza, la transforma y la convierte en aliada.* No se puede ser alquimista y guerrero a la vez.

Alquimia para llevar

Evolucionar se trata de invalidar creencias, decisiones o acciones previas que en su momento fueron funcionales, para tomar nuevas decisiones que se adapten a nuevas necesidades.

4

RÓMPASE EN CASO DE INCENDIO

¿Te imaginas si hubiéramos tenido toda esta información hace muchos años, cuando éramos niños y estábamos aprendiendo a vivir? Probablemente muchas historias en nuestra vida hubieran sido distintas, y con esto no me refiero a que hubieran sido mejores, pues así como ocurrieron, fueron perfectas para sembrar en nosotros el interés por lo que ahora sabemos. Este libro llegó tanto para ti como para mí en el momento perfecto, porque necesitábamos estar en donde estamos y ser quienes somos para lograr entenderlo y valorarlo. Sin embargo, tal vez te estás preguntando cosas como: "Pam, ¿y si a pesar de todo el trabajo que haga con el método, mis resultados son indeseados o diferentes a lo que esperaba?". "¿Y si todo lo que aquí planteas me suena lógico, pero por más que lo intento no logro controlar mi mente, me siento víctima de mis emociones y de mis circunstancias, tengo ansiedad y depresión, y siento que no puedo solo?". "¿Y si ya probé todas las terapias, incluso medicamentos, y no logro ser feliz?". "Ahora entiendo que aprender a tomar un control saludable sobre mis emociones y pensamientos, así como trabajar con mis filtros mentales, es la clave del bienestar. Sin embargo creo que llegué tarde y ahora padezco malestares y enfermedades que la medicina convencional no me está ayudando a sanar profundamente, ¿hay algo que hacer?". "¿Por qué pienso y hago cosas que sé que me hacen daño y no puedo parar?".

"¿Y qué pasa si siento que heredé filtros mentales, patrones de pensamiento y de conducta que me tienen estancado repitiendo los mismos errores de mis ancestros?".

Para resolver todas esas preguntas y más escribí este capítulo.

Si a veces sientes que ya no puedes más, estás solo y te has cansado de que la gente te diga: "Hey, échale ganas, mejora tu actitud. Agradece todas las bendiciones de tu vida, sé positivo", pero pareciera que has perdido la capacidad de influir en tu propia computadora mental, quiero que sepas que todo tiene un para qué y que existen recursos para poder resignificar, sanar y solucionar lo que te atormenta. Entender de dónde viene ese problema y cómo solucionarlo es el primer paso para poder encontrar al especialista adecuado que pueda acompañarte de manera profesional a resolver de fondo aquello que te está impidiendo tener la calidad de vida que mereces. Por ello, en las siguientes líneas encontrarás entrevistas y colaboraciones con profesionales en cada rubro, quienes nos ayudarán a resolver el dilema de las preguntas anteriores. Hablaremos sobre:

- Biodescodificación: una alternativa para sanar (con Lala Ballin).
- ¡S.O.S., han invadido mi casa! Ansiedad y depresión desde la psiquiatría (con la doctora Pilar López).
- Microbiota y alimentación: ¿cómo afectan mi cerebro? (con Nathaly Marcus).
- Reprogramar tus emociones es posible: hipnosis terapéutica (con Esperanza Downing).
- Metacognición para la regulación: una mirada desde la neurociencia (con el doctor Eduardo Calixto).

Como podrás ver, para hablar sobre estos temas que tanto me apasionan y que quiero compartirte, pues estoy segura de que te resultarán tan interesantes y útiles como a mí y porque pocas personas hablan de ellos, recurrí a especialistas calificados y con muchísima experiencia y renombre.

Disfruta y recuerda: *no estás solo, no estás mal, no eres el único y esto que vives tiene un para qué y un remedio.*

Biodescodificación: una alternativa para sanar

Un recurso muy poderoso cuando se trata de nuestra salud física o mental es la biodescodificación, así que a continuación te hablaré de ella a manera de catalizador de nuestro bienestar.

La biodescodificación es un enfoque terapéutico que busca encontrar el significado emocional y psicológico detrás de los síntomas físicos y las enfermedades. Se basa en la premisa de que el cuerpo tiene la capacidad de comunicar y expresar los conflictos emocionales no resueltos a través de síntomas y enfermedades. La biodescodificación busca descifrar y comprender estos mensajes ocultos para ir más allá del síntoma, encontrar la causa y facilitar la sanación emocional y física.

Esta herramienta puede ser útil en el abordaje de enfermedades crónicas, trastornos psicosomáticos, dolores inexplicables y patrones repetitivos de enfermedad. También se utiliza para trabajar en la prevención y el mantenimiento de la salud, identificando y abordando los desequilibrios emocionales antes de que se manifiesten en síntomas físicos. Se recomienda que la biodescodificación se realice con profesionales capacitados y que trabaje en colaboración con otros profesionales de la salud para brindar una atención integral y equilibrada. Cada caso es único, y la recomendación de la biodescodificación dependerá de las necesidades individuales y las preferencias de cada persona.

Para hablarnos al respecto, recurrí a la psicóloga Lala Ballin, especialista en emociones y biodescodificación. Mi primera pregunta fue:

—Lala, la mayoría de las veces vamos por la vida experimentando nuestras emociones de manera inconsciente y estas se traducen una y otra vez en resultados indeseados que en muchas ocasiones cobran forma de trastornos de salud física o mental que tratamos solo de enmascarar o suprimir con medicamentos sin ir a la raíz del problema. El Método de Transmutación de Realidades puede ayudarnos a romper con esta automatización, pero ¿qué sucede cuando ya padecemos resultados que no creamos conscientemente? ¿Qué es la biodescodificación y cómo podemos echar mano de ella para sanar?

Su respuesta fue tajante y clara:

—Ese instante en el que todo está a nada de irse por la borda puede ser el momento en el que tocas fondo y agarras impulso para ir hacia arriba. O también puede ser el momento en el que de plano te tiras en la lona para tomar fuerzas y pedir ayuda, porque genuinamente ya no tienes la capacidad de un intento más.

"Cuando Pam y yo tomamos un taller con el doctor Rafael Bisquerra (presidente de la RIEEB [Red Internacional de Educación Emocional y Bienestar] y coautor del libro *Universo de emociones*), él nos compartió que la mayoría de las 'enfermedades mentales' son en realidad 'trastornos emocionales', es decir, que todo tiene raíz en la emoción y que la mayoría de los trastornos emocionales son detonados por el entorno.

"Ahora, si todo viene de la emoción, entonces que alguien me explique cómo puedo sanar las emociones, para poder sanar las enfermedades y/o trastornos.

"El doctor Ryke Geerd Hamer planteó dentro de su teoría de las cinco leyes biológicas que cuando experimentamos ciertos eventos y los vivimos *inesperadamente, en soledad o aislamiento emocional y sin solución aparente o satisfactoria...* se genera algo hoy conocido como *bioshock* en nuestro organismo que, tratando de explicarlo de una manera fácilmente comprensible, podría ser como un cortocircuito en un área del cerebro que manda una señal a los tejidos u órganos de los que están a cargo.

Cuando no procesamos este tipo de experiencias, esos *shocks* biológicos generan respuestas en el organismo, como una intención de reparar lo que se desequilibró y de ahí se desencadenan las enfermedades. Para poder mejorar el síntoma que se presenta es necesario encontrar la causa raíz, es decir, conectar con el *bioshock* —en acompañamiento terapéutico que brinde contención— y resignificar lo que se vivió en el momento en el que sucedió. Al poder reconocer los elementos que formaron parte del suceso detonador, es más fácil procesar las emociones que se sintieron y hacer lo que la persona requiera, a modo de compensar o reparar lo que en ese momento se habría deseado/necesitado.

Es importante resaltar, que, así como heredamos el color de los ojos, la estatura y ciertas características físicas de nuestros ancestros, también podemos heredar conflictos no resueltos hasta por siete generaciones previas. En ocasiones puede llegar a existir confusión respecto a lo que es parte de mi historia personal y lo que puede ser un conflicto/enfermedad heredado. Cuando el padecimiento se manifiesta desde el nacimiento o de forma repetitiva en varias personas, es más probable que sea hereditario, aunque esto también se encuentra dependiendo del tipo de órganos/enfermedades/situaciones involucradas en el diagnóstico. Mientras que, cuando el padecimiento se da 'aleatoriamente', sin antecedentes en el sistema familiar, es indicador de que la persona vivió algún suceso en su historia personal que causó el desequilibrio en consecuencia.

"Por ejemplo, un padecimiento/somatización, que se manifestó en un gran número de personas durante la pandemia, fueron las afecciones relacionadas con los riñones. Los riñones manifiestan conflictos relacionados con el territorio, el miedo al fracaso y problemas de convivencia

—por mencionar algunos—, y al haber estado literalmente aislados, con la libertad coartada o un territorio invadido, aunado al hecho de tener que estar en una convivencia obligada, en algunos casos, muchas personas comenzaron a somatizarlo en los riñones. Tanto para quienes lo vivieron en la realidad, como para quienes lo vivieron/sintieron de manera simbólica, el cuerpo detona un aviso, que es equivalente a cuando un foquito se prende en el tablero del coche para indicar que hay que hacer una revisión mecánica en el motor. Cuando una persona llega a terapia, es lo mismo que cuando el vehículo entra al taller: se prende un foco, notamos que algo anda mal y pedimos ayuda a los expertos para que nos orienten y descifren cuál es la causa de la falla que se está presentando.

"Cuando se hace la revisión, en ocasiones es necesario conectar la computadora para hacer una lectura más profunda, que nos permita llegar a un diagnóstico. En consulta, esto equivaldría a la indagación que se comienza a hacer en la historia personal o en el sistema familiar para obtener información. Ya que se encuentra el conflicto o la causa raíz, lo que sigue es tener una compostura física, mecánica, en el motor; en el caso de la terapia, también corresponde seguir un tratamiento en la parte física, y en la parte energética y/o emocional se realizan acciones que le permita fluir a lo que estaba bloqueado. Desde escribir cartas para depurar, hacer movimientos físicos para que el cuerpo registre la activación o tener acciones simbólicas que permitan 'revertir' la causa raíz o 'minimizar' su fuerza, las resoluciones que se toman varían según lo que cada persona requiera en lo individual.

"Hoy, la biodescodificación, descodificación biológica, bioneuroemoción (o el nombre con el que decidan referirse a ella, segun el autor que la mencione), es un método o técnica que facilita la reparación de la causa raíz que detona padecimientos. Si bien no propone abandonar los tratamientos médicos con los que se aborde el padecimiento actual, es una oportunidad amorosa para resignificar las vivencias personales o ancestrales y liberar así el bloqueo que se había generado y permitir una mejora integral de la persona o sistema familiar que manifiesta la condición en el presente.

"Aprovechemos la oportunidad de ser más amorosos con versiones anteriores de quienes somos hoy; antes no sabíamos lo que hoy sabemos, antes no habíamos vivido lo que hoy hemos vivido, antes no habíamos enfrentado lo que hoy hemos enfrentado, antes no habíamos sanado lo que hoy hemos sanado. Recordemos que las desgracias que en ocasiones nos ha tocado vivir también pueden ser una oportunidad para que *des gracias* por lo que esa experiencia trajo a tu vida y todo lo que aprendiste/creciste/hiciste a causa de ello.

"Hoy es el día en el que puedes elegir diferente; si necesitas ayuda, aquí estoy.

Infinitamente útil y valioso. ¡Gracias, Lala!

Encuéntrala como @lalapsicologa en Instagram o escríbele a laura@ballin.mx.

¡S.O.S., han invadido mi casa! Ansiedad y depresión desde la psiquiatría

La ansiedad, ese miedo exagerado al futuro que nos distresa por situaciones que no han sucedido, que son poco probables, pero que, aun entendiendo lógicamente, parecen no salirse de nuestra mente. Esa voz no para, no se calla, nos cuenta historias catastróficas que nos mantienen al límite, distorsionando la realidad y convirtiendo la vida en un infierno.

La depresión, ese estado mental en el que por más que uno "le echa ganas" no existen tales ganas. Se van con ella la energía física, la capacidad para concentrarnos, la fuerza, la motivación, el empuje, el entusiasmo, la capacidad de gozar la vida.

Cuando estas vienen de visita podrían hacerte sentir que ya no cabes en tu propia casa y te pudieran llevar a pensar en abandonarla. Pero quiero que sepas que no estás mal, que no estás solo, que no eres el único o la única que se ha sentido así, que son dos de los trastornos más comunes en la actualidad y que tienen remedio, así que si en este momento sientes que han llegado, se han acomodado y no parecen tener fecha de salida, identificarlas es el primer paso para poder invitarlas a abandonar tu mente y salir adelante. Si no es tu caso, si jamás te han pasado a visitar, igualmente te invito a seguir leyendo, pues también hablaremos sobre prevención. Por ello platiqué con la doctora Pilar López Salgado, psiquiatra de la Universidad Nacional Autónoma de México, con más de 20 años de experiencia clínica y directora del Instituto de Salud Mental, Consultoría y Capacitación de México.

Ella me explicó que cada caso de ansiedad o depresión debe tratarse de manera personalizada, ya que no hay dos casos iguales. Cada individuo tiene diferentes desencadenantes, tendencias, patrones y síntomas, por ende, cada uno requerirá un tratamiento distinto.

Por ejemplo, me explicó que en consulta un psiquiatra debe identificar la carga heredofamiliar, es decir, historias familiares de trastornos mentales o emocionales. Si hubo alteraciones perinatales, es decir, durante la gestación al momento del nacimiento, como podría ser la hipoxia o falta de una adecuada oxigenación en el bebé, tal vez pudiera haberse presentado un desarrollo neurológico lento.

—En un contexto en el que una persona tiene predisposición a desarrollar estos trastornos, y se rodea de estresores que no maneja de forma adecuada, puede activar el gen que desencadena la ansiedad o depresión que está experimentando. Por ello es importante saber de dónde viene el problema. Por ejemplo, una depresión puede ser resultado de la presencia de un tumor o puede ser simplemente por una falta de vitamina D en el cuerpo. Por ello es que hay que estudiar a profundidad cada caso —afirmó.

Así pues, la doctora Pilar habló de la importancia de la prevención. Y nos reveló algo que yo jamás había considerado y me pareció extremadamente interesante entender.

—Mira, Pamela, lo más importante es la prevención. Claro que hay solución para quienes ya presentan el problema, sin embargo, es triste que no haya una cultura de prevención, aun cuando estos trastornos están a la orden del día en nuestra actualidad, ya que estamos constantemente sometidos a estresores que nos vuelven más vulnerables si no sabemos contrarrestarlos y si no sabemos manejar nuestras emociones. El estrés no es malo, es necesario. No obstante, el estrés crónico genera cambios en un nivel fisiológico en el cerebro, como la reducción del hipotálamo, entre otros, que ya son difícilmente reversibles y empieza a haber afectaciones físicas, como la somatización del estrés y las emociones, lo cual se traduce en enfermedades o la disfunción de la tiroides, que puede estar ligada a las crisis de ansiedad.

Me impresionó, pues jamás antes había considerado asistir a un psiquiatra para evaluar mi estado de salud mental cuando me siento bien y pienso que no hay nada mal conmigo. Sin embargo, comprendí que es una buena práctica, al igual que visitar al médico para hacerse una evaluación física general, ir a terapia como mantenimiento.

Ante la pregunta sobre cómo diferenciar la preocupación de la ansiedad y la tristeza de la depresión, la doctora López Salgado me compartió algunos signos o síntomas que nos pueden hacer pensar que debemos buscar ayuda profesional, la cual es una manera amorosa de ver por ti. Recuerda que jamás debes sentirte avergonzado por no poder solo o por necesitar ayuda; malo sería necesitarla y, por soberbia, no buscarla; eso sí es atentar en contra de ti mismo.

Signos de la ansiedad:

- Durante una crisis de ansiedad o pánico podemos llegar a experimentar sensaciones que nos lleven a creer que estamos teniendo un infarto, por lo que es importante acudir a un hospital.

- Si vivimos un accidente o enfermedad que nos generó un trauma, el no saber manejar el estrés postraumático puede provocarnos ansiedad.
- El trastorno obsesivo compulsivo o TOC puede estar asociado también con la ansiedad. Se trata de un trastorno de salud mental en el que las personas experimentan pensamientos obsesivos recurrentes e intrusivos que generan malestar. Estas obsesiones son ideas, imágenes o impulsos no deseados que se repiten con frecuencia en la mente. Para aliviar la ansiedad que producen las obsesiones, las personas con TOC realizan compulsiones, que son comportamientos repetitivos y rituales que se sienten obligados a hacer. Estas compulsiones alivian la ansiedad por un tiempo, pero no resuelven las preocupaciones subyacentes. El TOC puede interferir significativamente en la vida diaria de una persona y se considera un trastorno crónico. El tratamiento, que puede incluir terapia cognitivo-conductual y medicación, puede ayudar a controlar los síntomas y mejorar la calidad de vida.
- Las fobias son consideradas un trastorno de ansiedad que genera respuestas exageradas de pánico cuando se presenta el objeto o situación temidos. Algunas personas con trastornos por ansiedad pueden desarrollar fobias secundarias como una forma de evitación o como una respuesta condicionada a una experiencia traumática o temida anterior. Estas fobias secundarias pueden estar relacionadas con situaciones que generan ansiedad generalizada o específica dentro del trastorno de ansiedad más amplio.
- El tratamiento para las fobias y los trastornos por ansiedad puede implicar terapia cognitivo-conductual, técnicas de exposición gradual, manejo del estrés y, en algunos casos, medicación. El objetivo principal es ayudar

a las personas a enfrentar sus miedos, reducir la ansiedad y mejorar su calidad de vida.

- La timidez excesiva o la incapacidad para desenvolvernos en un ambiente social conocido o desconocido, para interactuar con otras personas en contextos específicos o de manera generalizada, pueden ser otro signo de ansiedad. Por ejemplo, yo tengo identificado que tomar llamadas telefónicas me produce un nivel de ansiedad. No los mensajes de texto, no las notas de voz, no el comunicarme en persona, solo las llamadas en determinados casos. He trabajado en terapia la causa de esto y la aceptación del problema, así como el autoconocimiento e introspección, me han permitido hacerlo consciente para atenderlo y poder solucionarlo poco a poco. Mientras lo logro, el simple hecho de poder reconocer lo que me pasa ya reduce la ansiedad en un nivel importante y me recuerda que estoy a cargo de mi mente y de mi vida, que puedo tomar decisiones conscientes y enfrentar mis temores, y dejo de sentirme en el asiento del copiloto.

Cuando se trata de depresión, la doctora me explicó que es una enfermedad y no un estado de tristeza, que puede desencadenarse por un luto o estado emocional mal manejados que reconfiguran el cerebro.

Algunos de los síntomas para identificarla son:

- Somatización de las emociones o de la tristeza que ya se manifiestan a través de enfermedades o malestares aparentemente "inexplicables" por la medicina convencional.
- Ira injustificada e irritabilidad.
- Un duelo muy intenso que, después de seis meses, no le permite a la persona llevar una vida satisfactoria.
- Tristeza persistente, sensación de vacío o desesperanza.
- Pérdida de interés o placer en actividades que antes disfrutaba.

- Cambios significativos en el apetito o el peso, ya sea pérdida o aumento.
- Dificultades para conciliar el sueño o necesidad aparente de dormir demasiado.
- Fatiga o pérdida de energía constante.
- Sentimientos de inutilidad o culpa excesiva.
- Dificultades para concentrarse, recordar detalles o tomar decisiones.
- Agitación o inquietud o, por el contrario, ralentización de movimientos y pensamientos.
- Pensamientos recurrentes de muerte o suicidio.
- Descontrol emocional o manía (en este caso habría que valorar una posible bipolaridad).
- Compulsión por las compras para llenar huecos o vacíos.

Es importante mencionar que en muchos casos la ansiedad y la depresión se presentan juntas, y sin el apoyo adecuado, puede ser abrumador tratar de resolverlas solo.

Puedes contactar a la doctora Pilar López aquí:

Facebook: Instituto de Salud Mental, Consultoría y Capacitación A.C.

Microbiota y alimentación: ¿cómo afectan mi cerebro?

Un libro sobre depresión que quiero recomendarte es *Lost Connections*, de Johann Hari. En él se habla sobre la depresión reactiva, que viene de un mal manejo de situaciones, traumas y emociones, y la depresión endógena, que hasta hoy atribuyen a un desbalance químico. El autor revela sus verdaderas causas y propone inesperadas soluciones.

Otro factor que la ciencia ha comprobado que es un causante fundamental de los desequilibrios mentales es el estado de nuestros intestinos. Sí, así como lees: las bacterias en nuestra flora intestinal son las alquimistas que controlan y manejan la química de nuestro cerebro, así que hablemos sobre microbiota. Además, lo que comemos y no comemos afecta el funcionamiento del cerebro.

Tengo la fortuna de contar en mi vida con amigos que, además de ser maravillosos compañeros, son mentes brillantes que aportan muchísimo a la humanidad. Una de ellas es Nathaly Marcus, quien es licenciada en Nutrición y Ciencia de los Alimentos por la Universidad Iberoamericana. Fundadora y directora de Bienesta, centro de medicina funcional enfocado en tratar enfermedades crónicodegenerativas, promover la prevención y la autosanación, fortalecer el organismo y mejorar la calidad de vida. Es conferencista internacional, fundadora del Instituto de Salud Funcional Mente Cuerpo y autora de *Secretos para mantenerte sano y delgado*, *El método de las 3R* y coautora de *Detén el tiempo* y *El ABC de la salud*. También es creadora del pódcast *Las 3 R's*.

Ante las preguntas: ¿qué papel tienen las bacterias del intestino en la salud mental? Y ¿qué podemos hacer para cuidar nuestro cerebro? Ella reveló lo siguiente:

> ¿Sabías que ciertos aminoácidos se usan en tu cuerpo como señales de moléculas que llevan información entre el intestino y el cerebro para ponerte de buen humor, contento y con mayor resiliencia al estrés? Células especializadas llamadas neuroendócrinas producen más de 20 mensajeros (péptidos) que son creados en la microbiota por bacterias intestinales para ayudar a tu estado de ánimo.
>
> Los cambios en las bacterias intestinales afectan tu cerebro. Un cerebro alterado o roto afecta la composición y comportamiento de tus células, generando menor respuesta al estrés, más vulnerabilidad a traumas, bipolaridad, mayor ansiedad y depresión. Cambios en la microbiota

producen ansiedad, depresión, TDA, ataques de pánico y otros estados mentales alterados.

Es importante que le dediques tiempo a sanar y reparar tu microbiota para cuidar y ayudar a tu salud mental.
Dieta proinflamatoria (la que debemos evitar):

- Aceites a altas temperaturas
- Harinas blancas
- Grasas trans
- Alcohol
- Gluten
- Azúcar
- Alimentos a los que somos sensibles

Consecuencias de la neuroinflamación:

- La inflamación daña la habilidad de las neuronas para comunicarse las unas con las otras.
- Los niveles de citocinas inflamatorias en los fluidos que rodean al cerebro contribuyen a este brain fog o mente nublada.
- Han encontrado cambios microestructurales en el hipocampo y otras áreas del cerebro después del covid-19 que contribuye al daño cognitivo.
- Dañan tu hipocampo, sitio importante para tu memoria.
- Exacerban la inflamación generalizada.
- Aumentan los niveles de insulina, generando más estrés oxidativo.
- Causan depresión y ansiedad.

En resumen, una dieta proinflamatoria equivale a una posible neuroinflamación, lo que a su vez sería un cerebro roto.

Estrés y cerebro

A la vez, el eje de nuestro sistema nervioso entérico cerebro-intestino se ve afectado por la neuroinflamación, que afecta la microbiota alterada por el virus y la microbiota intestinal modificada, cuyas bacterias ya no producen los mismos neurotransmisores. La relación interrumpida en el eje cerebro-intestino altera tanto al cerebro como al intestino, perturbando el equilibrio mente-cuerpo.

CUADRO 4.1. **Relación intestino-cerebro**

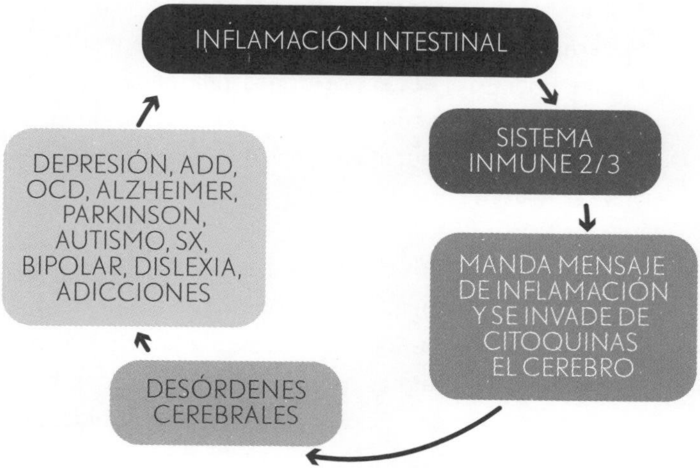

Tratar el estrés y cuestiones de salud mental con antidepresivos o medicamentos ansiolíticos no ayuda a modificar la microbiota. Necesitas modificarla directamente para mejorar la salud mental.

Cuando el cerebro se estresa disminuye la señal de producir jugos gástricos y la secreción de bicarbonato y de moco, los cuales protegen la microbiota y su barrera intestinal.

✦ Cuando estás deprimido y ansioso se comprometen todas estas funciones y el intestino se ve aún más comprometido, así que no digiere bien los alimentos, y como estos no se absorben igual, se crea un círculo vicioso en el que se priva al cerebro de nutrientes esenciales para su función. Esto aumenta la depresión y la ansiedad y hay menores bacterias para generar absorción de nutrientes.

- La relación interrumpida en el eje cerebro-intestino altera tanto al cerebro como al intestino, pues no están presentes los sustratos necesarios de las bacterias para mantenerte sano y estable.
- El cuerpo, desde el intestino, regula la producción de muchos neurotransmisores, y en vez de producir dopamina y serotonina —dos neurotransmisores encargados de la felicidad, sueño, atención, concentración y bienestar—, al haber hormonas inflamadas, su producción deriva en neurotóxicos como el ácido quinolínico, que llega a producir síntomas neurológicos, depresión y confusión.

Los pilares de un cerebro sano son: hábitos adecuados en la higiene de sueño, alimentación antiinflamatoria rica en pigmentos, buen manejo del estrés, eliminación de químicos, pesticidas y metales pesados, un equilibrio hormonal, un programa de ejercicio apropiado, buena hidratación, suplementos adecuados y personalizados, así como buenas conexiones familiares y sociales.

¡Gracias, Nathaly!

Te dejo por acá la conversación completa que tuve con ella sobre la importancia de la microbiota y cómo cuidarla:

Nathaly Marcus

Puedes contactar a Nathaly aquí:
@nathalymarcus
www.nathalymarcus.com

Reprogramar tus emociones es posible: hipnosis terapéutica

Ya habíamos comentado que uno de los catalizadores que nos pueden ayudar a trabajar directamente con el inconsciente o subconsciente para poder reprogramar nuestros filtros mentales es la hipnosis. ¿Pero cómo funciona? ¿Para qué sirve? ¿Cómo puede ayudarme a mitigar este incendio? Se trata de una terapia profunda que podemos convertir en una gran aliada. Para ello acudí a la gran Esperanza Downing, especialista en reprogramación emocional y una súper hipnoterapeuta.

Esperanza nos explica la hipnosis de forma sencilla e interesante. Sigue leyendo:

> La hipnosis no es solo ese show que muestran en la tele donde hipnotizan a alguien para hacerlo comerse una cebolla, para que caiga dormido en segundos o para que olvide su nombre. La hipnosis es un estado mental en el cual todos tenemos la capacidad de entrar y salir a cada rato, donde la condición que se experimenta siempre es la ausencia de resistencia.
>
> Te pongo un ejemplo: cuando manejas tu coche en una ruta cotidiana, digamos, de tu casa a la oficina, ¿dirías que el 100% del tiempo estás prestando atención a la vía? O ¿simplemente vas en ese modo semiautomático que confía y que, sin observar cada detalle en la vía, solo maneja y llega a su destino? Si esto te ha pasado, has estado hipnotizado. O cuando estás viendo algo en la televisión y de repente te despabilas porque como que tu mente volvió a tu cuerpo, te cuento que entraste y saliste de hipnosis.
>
> Si la hipnosis es tan común y cotidiana, ¿por qué nadie la usa para algo superpotente? Seguro porque no conocen lo que te voy a contar a continuación.
>
> Tu mente trabaja en varias frecuencias u ondas cerebrales. Por lo general estamos en una frecuencia beta cuando estamos en la cotidianidad de nuestra vida; cuando entramos a estados mentales más relajados pasamos a una

frecuencia alfa y theta, que son las frecuencias donde se produce la hipnosis; y luego está la frecuencia delta, que es la que experimentamos durante un sueño muy profundo.

Te explico esto porque la magia ocurre entre ese estado alfa y theta, donde no estás dormido, puedes recordar todo y estás en un estado mental menos alerta y más receptivo a algo llamado sugestiones.

Una sugestión es un comando con el que le indicas a tu mente que ejecute una acción, ya sea buscar información, hacer algo, bloquear algo, etcétera.

La hipnosis terapéutica te lleva a ese estado mental y con sugestiones te ayuda a conseguir la información importante sobre el origen de algún problema, ya sea emocional, físico, consciente o inconsciente.

Cuando nacemos somos un lienzo en blanco que trae información inconsciente heredada de nuestro linaje y entorno. Fuera de eso, todo bebé se caracteriza por tener una autoestima perfecta, una seguridad absoluta en sí mismo, se cree capaz de todo, no se da por vencido, nada le asusta y disfruta el presente como lo mejor que hay en la vida. Como ya leíste anteriormente en este libro, mientras crecemos, recibimos estímulos del mundo que nos rodea y comenzamos a sacar conclusiones sobre ese mundo. Esas conclusiones se convierten en verdades emocionales muy profundas para nosotros, y esto es lo que muchos especialistas llaman creencias.

Y ahora comprendes que esas creencias e informaciones que vamos adquiriendo en nuestra vida se traducen en programas mentales o programaciones que vamos sumando en la mente, que en algunos casos nos impulsan, pero en muchos otros nos limitan.

¿Y esto qué tiene que ver con la hipnosis? Todo.

La hipnosis nos permite llegar a esas programaciones mentales, al momento en el que las generamos y al lenguaje emocional exacto que representa para nosotros, es decir, llegamos al origen de nuestro sistema de creencias, desde la emocionalidad que generó que creyéramos lo que creemos. La única forma de sanar una emoción que nos quedó guardada y sin resolver es sintiéndola. Entonces, la hipnosis terapéutica nos permite ir a esos momentos de nuestro pasado, donde se originaron los conflictos emocionales que generan situaciones, enfermedades, bloqueos y demás problemas en nuestro presente, permitiéndonos resolverlos, liberarlos y sanarlos. Ir a esos momentos significa visitar las memorias que quedaron en tu mente, de hechos que te marcaron de forma emocional. ¡Ojo!, no los revives, los revisas para poder resolverlos.

Te doy un ejemplo: alguien con depresión posiblemente tenga un dolor emocional muy grande sin resolver en su pasado, y creer que lo resolvió o verlo sin mayor importancia en la edad adulta no significa que esté resuelto. Porque hay que ir al yo más chico (emocional y vivencialmente hablando), para desde ahí sentir cómo siente esa versión de sí mismo, ayudarla, acompañarla y liberarla. Esto lo puedes hacer usando hipnosis.

La hipnosis terapéutica tiene tres procesos muy grandes, que son la investigación, solución y reprogramación.

La investigación es ir, como dardo, a las escenas o momentos donde generaste esos programas que te detonan alguna reacción, enfermedad, condición, etcétera.

Una vez que diste con el origen emocional de tu bloqueo o tu problema, digamos, ansiedad, depresión, apego, etc., lo que sigue es solucionar eso desde la raíz. Lo puedes resolver cambiando la perspectiva de lo que se vivió, dándole recursos a tu yo más joven, siendo ese papá o mamá amoroso que siempre quisiste tener, reconociendo los logros de esa versión tuya o simplemente comprendiéndote y amándote.

Otro recurso muy poderoso es la desvinculación, con la cual se trata de ver emocionalmente y en escenas a aquel que ya no eres tú. Ya no eres un niño indefenso porque has crecido y seguro ahora las cosas serían muy diferentes si volviera a pasar lo mismo. Identificar todo aquello que te convierte en una persona con más recursos, distinta a la que vivió el problema en ese entonces, es 100% liberador y te llena de poder.

Y la reprogramación viene de una propiedad mental que nos dice que la mente aprende por repetición.

Hacer afirmaciones poderosas con una estructura adecuada luego de liberar nuestras programaciones basura nos ayuda a reprogramarnos. Para esto le debemos dar comandos a la mente para que esculpa nuestra nueva realidad. Mientras más le repetimos la información, más la instala en el subconsciente.

Para un proceso de hipnosis de reprogramación debes seguir los siguientes pasos:

1) Relajarte, cerrar los ojos, soltar el cuerpo y enfocarte en una respiración profunda.
2) En presente, hacer o escuchar las afirmaciones de tu nueva realidad.
3) Con cada afirmación decir en presente cómo te hace sentir esa afirmación y sentirla. El pegamento de todo tu subconsciente son emociones. Si las sientes, volverás familiar en tu mente tu nueva realidad.
4) Darle detalle a esa nueva realidad, cómo es ahora tu vida, tu sentir, tu vivir.
5) Entregar el resultado, porque básicamente confías en el proceso. El desapego es mágico y creador de todo.
6) Cerrar con un sentimiento de gratitud que bañe de intención positiva toda tu reprogramación.

¡Gracias, Esperanza!

Además, Esperanza te tiene un regalo, se trata de una hipnosis de reprogramación emocional guiada que grabó para ti. Puedes escucharla aquí mismo:

Esperanza Downing

Contáctala en www.abundatizatedesdeya.com.

Metacognición para la regulación: una mirada desde la neurociencia

¿Y qué pasa si siento que ya perdí el control? Como si mi mente hubiera hecho un golpe de Estado, se hubiera apoderado de mi cuerpo y no me dejara gobernar mi propia computadora. Siento que no puedo generar alegría. Siento que no me pertenezco. Siento que distorsiono la realidad. No sé por qué me enoja lo que me enoja, o por qué me pone triste lo que me pone triste, por qué lloro cuando lloro, el miedo me maneja y no puedo regular mis emociones.

¿Te identificas con algo de lo que acabas de leer? ¿Qué se puede hacer?

Te vas a sorprender cuando escuches todo lo que nos reveló el doctor Eduardo Calixto, investigador en Ciencias Médicas, jefe del departamento y área médica del Instituto Nacional de Psiquiatría Ramón de la Fuente de la Secretaría de Salud en México, médico cirujano y doctor en Neurociencias por la Universidad Nacional Autónoma de México. Posdoctorado en Fisiología Cerebral en la Universidad de Pittsburgh. Autor de *Amor y desamor en el cerebro*, *El lado B de las emociones*, *Un clavado a tu cerebro*, *El perfecto cerebro imperfecto*, *Sobrevive*, entre otros libros y artículos de investigación publicados a nivel internacional.

Escucha aquí nuestra conversación, ¡que la disfrutes!:

Eduardo Calixto

Contáctalo en Instagram en @dr.eduardo_calixto
Encuentra sus libros en www.penguinlibros.com.

5

ME VAS A ODIAR

Espera... antes de que cierres este libro y te dispongas a regresar a tu día a día y a esa incesante y atractiva necesidad de seguir siendo como hasta ahora porque, ya sé, cambiar cuesta, y asumir la responsabilidad del cambio cuesta aún más, aunque no hacerlo tiene costos inmensurablemente mayores, como cederle el control de tu vida a alguien a quien no le importa tu vida. Uff, qué fuerte.

Pero es verdad, a tu cerebro no le importa tu vida, solo le importa permanecer con vida. ¿Se entiende la diferencia?

Tu cerebro es una máquina maravillosa, pero al final del camino es eso: una máquina. ¡Una computadora! No tiene intención de hacerte feliz ni de hacerte sufrir ni nada, porque el cerebro no tiene intención de nada de lo que hace. Quien dota de intención a las cosas eres tú, y tú no eres tu cerebro, eres tu conciencia. Así que o la usas tú a ella y retomas tu poder para manifestar la vida de tus sueños, o te acomodas en el asiento del copiloto y te dejas llevar por esa energía ciega que no sabemos a dónde te conducirá. Sí, es más fácil, pero no es mejor ni es más agradable. Además, te tengo una mala noticia. Ya leíste este libro. Antes no sabías todo esto y hacías lo que podías con los recursos que tenías, pero ahora tienes muchos recursos nuevos y... ya lo sabes.

Pero ¿por qué es esta una mala noticia? Bueno, pues porque hacerte guaje y seguir en el asiento del copiloto, en el papel de víctima, de quejumbroso, ya no es una circunstancia que te tocó, sino una decisión que puedes o no seguir tomando. Y si ahora con este conocimiento decides no hacer nada y quedarte ahí, te va a incomodar más, te va a picar, te va a salir sarpullido, y me vas a odiar, y te vas a odiar.

Y ¿sabes qué? Está bien. Porque la línea entre el odio y el amor es muy delgada.

Así que cuando la incomodidad sea tanta que ya no puedas más, volverás a abrir este libro, revisarás tu prólogo, tus notas, la alquimia para llevar, y te sentirás por fin listo para asumir tus responsabilidades y ampliar tus posibilidades. Y te comprometerás con ello porque te darás cuenta desde los primeros esfuerzos de que vale la pena, que te sientes más feliz y pleno, que tu vida tiene sentido, que evolucionas a pasos agigantados, que a medida que desarrollas una relación más íntima con tus pensamientos y aprendes a dirigir tu atención de manera intencional, experimentas cambios radicales en tu realidad externa, que resuenas impactando tu alrededor y convirtiéndolo en el escenario perfecto para tu vida, que inspiras a otros y los haces despertar, que el búho se convierte en tu mejor aliado... que tú, desde tu nivel más alto de conciencia, eres tu mejor aliado. Y entonces sí, me vas a amar, pero, sobre todo: *te vas a amar*. Así como eres: ~~un ser en proceso~~ un ser capaz de amar el proceso. Como diría mi querida amiga Martha Carrillo en su enorme sabiduría: imperfectamente feliz,[16] pero eso sí, sabiendo que eres tú, realmente tú, el que elige en todo momento.

O tal vez en este mismo instante decides empezar, o quizá ya empezaste muchas páginas atrás, ¡lo cual me parece maravilloso y emocionante! Gracias por confiar en mí, pero, sobre todo, por confiar en ti y por seguir adelante aun cuando el camino parecía difícil y la reflexión un tanto confrontante.

Porque gracias a que te mantuviste firme y seguiste adelante navegando entre estas páginas, has descubierto ya que eres un alquimista moderno, capaz de moldear tu realidad a través de la magia interior que reside en ti.

16 Martha Carrillo, *Imperfectamente feliz*, México, Vergara, 2019.

Has aprendido que tus pensamientos son más que simples palabras flotando en tu mente. Son energía creativa, vibraciones sutiles que se entrelazan con el tejido mismo del universo. Cuando diriges tu atención consciente hacia un objetivo o un deseo desencadenas fuerzas poderosas que comienzan a trabajar en armonía contigo. Que tu atención consciente se convierte en la llave maestra que desbloquea el potencial infinito que existe dentro de ti.

Te has dado cuenta de que no eres una víctima pasiva de las circunstancias, sino un creador activo de tu propia vida. Cada pensamiento, cada elección consciente que haces, se convierte en un acto de alquimia que transforma tu realidad de manera profunda y significativa.

A medida que te adentras en el camino de la alquimia del pensamiento, aprendes a dejar de lado los patrones de pensamiento limitantes y negativos que te han mantenido estancado. Descubres que tienes el poder de reprogramar tu mente, de reescribir las historias que te cuentas a ti mismo y de crear una nueva narrativa llena de posibilidades ilimitadas.

Pero la alquimia del pensamiento va más allá de tus propios deseos y metas individuales. Mientras más te conectas a profundidad con tu verdadero ser, te vuelves consciente de tu interconexión con todo lo que te rodea. Te das cuenta de que tus pensamientos y tu atención consciente pueden tener un impacto positivo en el mundo en general.

Como alquimista del pensamiento, te conviertes en un agente de cambio, capaz de irradiar amor, compasión y sabiduría en cada pensamiento y acción. Tu poder interior se fusiona con el bienestar colectivo, y tus intenciones se extienden más allá de tus propios límites, abrazando a toda la humanidad y al planeta mismo.

Descubriste que la verdadera magia radica en tu capacidad de estar plenamente presente en el momento presente. A través de la atención consciente, aprendes a saborear cada experiencia, a abrazar la belleza de la vida en todas sus manifestaciones y a encontrar la magia en lo cotidiano.

Recuerda que la alquimia del pensamiento es un viaje continuo. Que eres el alquimista de tu propia realidad, capaz de moldear el mundo que deseas ver. Que cada pensamiento sea una semilla de cambio, y que tu atención consciente sea la fuerza que le dé vida. En tus manos reside el poder de la alquimia, y con él puedes crear un mundo, tu propio mundo, uno más hermoso y lleno de amor.

Que el viaje de la alquimia del pensamiento nunca termine, y que tu vida sea una eterna danza de creación consciente.

Y en el camino, ¡cuenta conmigo! Tu amiga, chata, man'ta, maga, hermaga: la Pam ;-)

EMET

AGRADECIMIENTOS

GRACIAS... sin duda una de mis palabras favoritas, sobre todo porque cuando pienso tanto y a tantos que quiero agradecer se me llena el corazón de luz y eterna devoción por quienes, de alguna forma, a su estilo y con su magia particular, han contribuido a llenar de significado mi vida. Sin embargo, no creo que la editorial me permita 347 páginas más de puros agradecimientos, así que tendré que limitarme en esta ocasión a nombrar lo más breve posible a quienes han jugado un papel importante en la gestación y parto de este *librhijo*, ¡gracias por ayudarme a darlo a luz!

Tanto que agradecer a mis parteros: Andrea Salcedo, Verónica Meneses y David García Escamilla, a Alan Viruette y el equipo de audio, a los editores y correctores, y a todo el equipo de Penguin Random House involucrado en la creación y comercialización de este libro, por su fe, cariño y paciencia, por asesorarme de manera tan amorosa y profesional. Gracias por ser las maravillosas personas que son, y por compartirse conmigo.

Ellos, que son mis raíces y mis alas, mi familia: los Jean, los Zetina, los Gebara y los Rahal. Gracias por su amor, apoyo incondicional e interés genuino.

A mis man'tos, chatos, hermagos y amigos del alma: por las pláticas, las porras, el apoyo y los cuestionamientos que nutrieron estas líneas.

Mis Alchems: gracias porque cada sesión con ustedes abre la llave a un torrente de sabiduría en la que juntos invocamos al búho y crecemos. Mis Golondrinos, gracias por acompañarme a las 5 a.m. y dejarse contagiar por mis locuras, ¡qué gozada esta aventura con ustedes!

Druidas y Hermanas de la Magia, Pao B. Lúmina y Pao H. Lemuria: gracias, porque a su lado he descubierto el valor que el ser tiene sobre el hacer, lo cual ha inspirado este libro. Gracias por el gozo de evolucionar, jugar, crear y servir juntas. Gracias, Blanky, por provocarme y motivarme a ser fiel a mi esencia y permitirme poner al servicio mi intuición y espiritualidad, tanto como mi racionalidad.

Omar Fuentes, amigo: gracias por tus ideas, tu guía y tu inteligencia lingüística puesta al servicio de este libro. Doctor Rafael Bisquerra, por tomarte el tiempo para leerme, conversar conmigo y nutrir estas ideas con tu perspectiva, sabiduría y experiencia. Ana María "Bru", por ayudarme a armar este rompecabezas con tanta paciencia y cariño.

Romper la coraza para dejar entrar la luz es solo posible si uno se atreve a quebrarse primero y después sanar con valentía y compatía. Gracias a quienes han sido la personificación del dolor, la ira, la tristeza y el miedo en mi vida, y que por medio de su herida me han permitido volar más alto y reconocer mi esencia pronoica. Gracias por demostrarme que el amor incondicional es posible y que perdonar no es necesario.

Oro molido en forma de colaboraciones de seres que admiro inmensamente: gracias, doctor César Lozano, por abrir el portal, por su confianza y cariño invaluables. Owen Fitzpatrick, Nathaly Marcus, Lala Ballin, Esperanza Downing, doctora Pilar López, Gabriel Guerrero, doctor Eduardo Calixto, Xavi Pirla: gracias por plasmar su sabiduría en este libro y aportar tanto.

Mis palabras resuenan gracias a su liderazgo y enorme fe, gracias por poner sus micrófonos y corazones al servicio de esta causa, ¡qué honor contar con ustedes! Gracias a mis amigos de los medios de comunicación, especialmente: Janet Arceo, Ethel Soriano, Yordi Rosado, Joel Garza, *Por el placer de vivir*, Montse y Joe, *Miembros al aire*, Mariana Quiñones,

Radio 13 Digital, *Sale el sol*, Martha Carrillo, Luis Valls, Claudia Lizaldi, Helios Herrera, Ale Velasco, Janeth Nathal, Adal Ramones, Ana Paula Domínguez, Jesús Guzmán, Claudia Cervantes, Ana Pazos, Gon Curiel. Y a quienes me ayudan a llevar estos recursos a organizaciones, empresas y maravillosas audiencias, en especial a Allenamenti, HH Consultores, Speakers México, Conferencistas México, Lemon Drops, Gaby Solórzano, Crehana, EXMA, PBL Group, Savvy Learning, TAO, SAC Convenciones.

Imposible concebir este libro sin el apoyo de quienes me permitieron sentarme a escribir con la paz de saber que mi casa, mis hijos y mi negocio estaban en las mejores manos: Hilda, José, Cristy, Male, Madai, Saraí, César, Lourdes, Pedro. Gracias, Alice Jafif, por ayudarme a cuidar y poner orden en mi casa interna. Gracias a quienes con amor, talento y esmero mantienen el changarro a flote y el viento en popa para impactar muchas vidas con inmensa pasión: Lili Cortés, Silvia Pedraza, Irma Ortiz, Arturo Salas, Domingo Álvarez y Gerardo Córdova. A CORE Producciones por los materiales audiovisuales tan espectaculares para este libro.

Principalmente gracias a ti, querido lector, por tu interés y confianza, y porque tu deseo por convertirte en un alquimista capaz de transformar tu experiencia resonará en el mundo entero a través de ti. Gracias por no dejarme hablando sola, por creer en mí, pero, sobre todo, *por creer en ti.*

En especial, gracias a mi principal socio: Dios. Por darme todos los días la sabiduría para comprender tu voluntad, la fortaleza para mantenerme firme, la inteligencia para llevarla a cabo y la ligereza para disfrutar el camino.

BIBLIOGRAFÍA

Allen, Steve (2016). *Falacias lógicas*, CreateSpace.

Angel, Ben (2018). *Unstoppable: A 90-Day Plan to Biohack Your Mind and Body for Success*, Estados Unidos, Entrepreneur Press.

Baudouin, Bernard (2006). *Las claves de la intuición*, Barcelona, De Vecchi.

Bisquerra, Rafael (2020). *Emociones: instrumentos de medición y evaluación*, Madrid, Síntesis.

Bisquerra, Rafael, y Giselle Laymuns (2022). *Diccionario de emociones y fenómenos afectivos*, PalauGea.

Burnett, Dean (2016). *El cerebro idiota*, Barcelona, Planeta.

Carrillo, Martha (2019). *Imperfectamente feliz*, México, Vergara.

Chopra, Deepak, y E. Rudolph Tanzi (2014). *Supercerebro*, México, Grijalbo.

Collin, C., *et al.*, *The Psychology Book*, DK.

Corbera, Enric (2019). *Emociones para la vida*, México, Grijalbo.

Erickson, Milton H. (2005). *Seminarios de introducción a la hipnosis*, México, Alom Editores.

Forgus, Ronald H., y Lawrence E. Melamed (2010). *Percepción: estudio del desarrollo cognoscitivo*, México, Trillas.

Galloway, Scott (2019). *The Algebra of Happiness: Notes on the Pursuit of Success, Love, and Meaning*, Nueva York, Publisher.

Gladwell, Malcolm (2009). *Blink: inteligencia intuitiva*, México, Punto de Lectura.

Goleman, Daniel (1998). *Working with Emotional Intelligence*, Nueva York, Bantam Books.

______ (2002). *La inteligencia emocional*, México, Punto de Lectura.

Guerrero, Gabriel (2004). *Diseñando tu destino*, México, Khaos.

Jaramillo Loya, Horacio (2003). *Consejos del búho*, México, Alfa Futuro.

______ (2012a). *La reconstrucción de sí mismo: bases del desarrollo humano multidimensional*, México, Alfaomega.

______ (2012b). *Mitos y malentendidos del desarrollo humano*, México, Alfaomega.

Kleinman, Paul (2012). *Psych 101: Science of Mind*, Nueva York, F+W Media.

Kross, Ethan (2021). *Chatter: The Voice in our Head*, Nueva York, Crown.

Lakhiani, Vishen (2016). *El código de las mentes extraordinarias*, México, Edaf.

Lozano, César (2022). *Cuando echarle ganas no es suficiente*, México, Aguilar.

Martínez de Arroyo, Mario (1947). *Siete textos de alquimia*, Buenos Aires, Kier.

Mctaggart, Lynne (2008). *The Field: The Quest for the Secret Force of the Universe*, Nueva York, Harper Collins.

Mejía, Lucila Rosa (2019). *Descubre el poder de tus emociones: de la A a la Z*, Medellín, AS Ediciones.

Peer, Marisa (2021). *Tell Yourself a Better Lie*, Rtt Press.

Peña, Yadira (2019). *El botón de color: virtudes emocionales*, México, Xochimeh.

Reader's Digest, "Los porqués de la mente humana", México, 1990.

Rivas Lacayo, Rosa Argentina (2008). *Saber pensar: Dinámica mental y calidad de vida*, Barcelona, Urano.

Rodríguez, Fernando (2019). *Mindfulness: la atención consciente*, Barcelona, Kairós.
Rubia, Francisco J. (2006). *¿Qué sabes de tu cerebro?*, Madrid, Ediciones Temas de Hoy.
Swaab, Dick (2014). *Somos nuestro cerebro: cómo pensamos, sufrimos y amamos*, Barcelona, Plataforma Editorial.
Swart, Tara, *The source*, Nueva York, Penguin Random House (audiolibro).
Walsch, Neale Donald (2016). *Conversaciones con Dios*, México, Grijalbo.

La alquimia del pensamiento de Pamela Jean Zetina
se terminó de imprimir en enero de 2024
en los talleres de
Litográfica Ingramex S.A. de C.V.,
Centeno 162-1, Col. Granjas Esmeralda, C.P. 09810,
Ciudad de México.